なぜ元公務員は
いっぺんに
おにぎり35個を万引きしたのか

ビジネスマン裁判傍聴記

北尾トロ

プレジデント社

まえがき

本書は数ある裁判のなかから、ビジネスマンが起こした事件を中心に傍聴したものだ。サブタイトルには〝ビジネスマン裁判傍聴記〟とあるが、裁判にそんなジャンルはなく、内容を表すための造語である。

刑事裁判で初公判時の最初に行われるのは、人定手続き（裁判長が被告人に氏名、生年月日、現住所、本籍、職業を尋ねる）。その後、黙秘権についての説明、検察の起訴状朗読と続く。メディアを騒がせた事件なら予備知識を得ることができるが、そうでない場合、傍聴人の多くは裁判の当日、その日の公判予定表を見てどの法廷に行くかを決めなければならない。小さな事件ばかり好んで見ている僕は、数ある公判から、事件名（詐欺や窃盗など事件のジャンル）を頼りに法廷を選んでいる。

被告人が何歳で、どこで生まれ育ったのか、どんな仕事をしているのかは、人定手続きが終わるまでわからない。とくに仕事については〝今現在〟について答えなければならないので、失業中の人や、事件がきっかけで解雇された人は「無職」となり、事件を起こす前に何をしていたかを知るには審理を聴き込む以外に術がない。

だから、『プレジデントオンライン』からビジネスマンが起こした事件の傍聴記を書いてほしいと依頼されたときは戸惑った。ビジネスマンが被告人で、事件の内容にもコクがあるような裁判に遭遇する確率は低いと思ったからだ。

しかし、それは杞憂だった。さまざまな職業に就いていた被告人が、犯罪に至るまでのやむにやまれぬ事情をトツトツと話す。ある被告人は家族を思う気持ちをにじませ、ある被告人は犯罪者になることと引き換えにしても守りたかったポリシーを訴える。

一方で、会社から不正な金をダマし取って捕まったのに開き直って堂々としている被告人や、職業を転々としながら罪を重ね、更生の機会を失ってホームレス生活を余儀なくされた被告人もいる。

裁判所では今日も、たくさんの事件が裁かれている。健全なビジネスマン生活を営む人にしてみたら、別世界の出来事のように感じられるかもしれない。でも、被告人席に座る彼らも、少し前まではあなたと同じ側にいて、ふとした邪心や油断、運命の悪戯によって犯罪に手を染めた人たちだとしたら……。

彼らが起こした犯罪は、それほど特殊でもドラマチックでもない代わりに、ひとつひとつが切実で、思いのほかバラエティに富んでいた。誰にでも固有の人生があり、犯した罪はその生活の中から生まれる。そのため、本書では犯罪のテクニックや逮捕までの顛末より、被告人の生き方や、どこでどう間違えて犯罪者になってしまったのかという点を重視した。

裁判は、検察や弁護人が被告人に質問することによって、証拠の正当性を確認したり、少しでも刑が軽くなるように働きかけたりする場でもある。事件によっては犯罪そのものに大きな特徴がなくても、ビジネスの現場で通用しそうなやり取りが頻発し、興味をそそられる部分が多かった。

連載時には傍聴した順に書いていたが、多忙なビジネスマンにも読みやすいよう、書籍化にあたり構成に変化をつけた。

第1章の「ビジネスマン裁判傍聴記」は「お金」「女・酒・クスリ」「小事件」「情欲」「被告人を助ける人々」の5ジャンルに分け、19本の傍聴記を収録。それぞれ独立した読み物になっているので、順番にこだわらず、好きなところからページを開いてもらってもかまわない。

第2章の「法廷の人に学ぶビジネスマン処世術」は、「被告人（表情・外見）編」「被告人（言い訳・答弁）編」「弁護士編」「裁判長編」「検察その他編」の5ジャンル、15本の原稿を収録した。

前口上はこのくらいにしておこう。「現在は無職」の被告人たちが起こした、悲喜こもごもの事件と、法廷で垣間見た話術や駆け引きをぜひ読んでほしい。

めくるめくビジネスマン裁判の世界へようこそ！

目次

※本書は、プレジデントオンラインの連載「北尾トロのビジネスマン裁判傍聴記」の
2016年7月～2019年5月公開分に加筆・修正したものです。
※本文の裁判例に登場する被告人らの年齢・職業などは取材当時のものです。

第1章

ビジネスマン裁判傍聴記

お金編①

定年間近56歳が"通帳横流し"の切ない事情

※被告人のPROFILE
職業：営業マン
年齢：56歳
性別：男性
罪名：詐欺等

定年まであと4年の56歳営業マンが犯した罪とは

10月上旬、ぶらりと行った東京地方裁判所。午前11時から開廷する初公判を探すと「覚醒剤」、「暴力行為」、そして「詐欺、犯罪による収益の移転防止に関する法律違反」の3件が順にヒットした。

見慣れない罪状が気になり3番目にヒットした法廷へ向かうと、弁護人と一緒に被告人がすでにいた。保釈中ということだ。痩せて顔色が悪いのはもともとなのか、それとも起こした事件の心労のせいなのか。

「詐欺、犯罪による収益の移転防止に関する法律違反」とは、詐欺＋犯罪による収益の移転防止に関する法律違反、の2つの罪に問われているという意味。後者は聞き慣れない人もいると思うが、以下のような法律に違反する犯罪である。

〈［犯罪による収益の移転防止に関する法律］犯罪による収益が、組織犯罪を助長し、健全な経済活動に重大な悪影響を与えることから、そうした収益の移転を防止するための措置を講じることを定めた法律。金融機関・不動産業者・貴金属商・弁護士などの特定事業者に対して、顧客等の本人確認、取引記録等の保存、疑わしい取引の届け出などを義務付けている。平成20年（２００８）施行〉（デジタル大辞泉）

てっきり勤務先から大金の横領でもしたのかと思ったら、銀行で本人名義の通帳とキャッシュカードを作っただけだった。それのどこが犯罪かといえば……被告人の発言を基に、順を追って説明しよう。

被告人は営業職のビジネスマン。定年まで4年に迫った56歳の大ベテランだが、マイホームのローンと子どもの教育ローンを抱えて経済的に楽ではない。まだ１５００万円も残金があるが、退職金でローン返済を終わらせ、老後に備える人生設計を立てていた。よくあるケースだろう。

しかし、ダブルのローン返済はきつい。ぜいたくせずに支払いを続けてきたが、子どもの学費を払ったタイミングで携帯電話料金の支払いをするだけの蓄えが底を突き、口座引落ができないなど経済状態が逼迫する。被告人が言うには、それとタイミングを合わせるように、複数の知らない業者からケータイにメールがきたのだそうだ。

「無担保で200万円まで融資が受けられる、というものです。正直、怪しいと思いましたが、生活費が足りない状態でしたので飛びついてしまいました」

公判では触れられなかったが、一般的なカードローンはすでに限度額まで借りていたのだと思う。金欠で焦っていた被告人がA社に60万円の融資を申し込むと、新規で携帯電話の契約をして電話機を送れば貸すという条件が出された。とにかく現金が欲しい被告人は申し込みに行ったが、支払いの滞納があったため新規契約ができない。と、新たな条件が提示された。

「私(被告人)名義の銀行の通帳とキャッシュカードを3行分、上野にある業者の私書箱まで送れば、融資する60万円を3行に分けて入金し、通帳などは送り返すという話でした」

結局、目当ての60万円は手にできず逮捕された

どんなに甘く考えてみても、まともな金融会社でないことは誰だってわかる。しかし、わら

にもすがる思いの被告人はそれに応じてしまう。

手持ちの2行分では足りないので、某銀行で新たな通帳を作った。通帳を作る際には、「本人以外は使ってはならない」と説明を受けるが、被告人は最初から他者に渡すつもりで作った。この部分が、銀行に対する詐欺に当たる。そして、怪しいと知りつつ通帳やカードを送り、それが悪用されたことが、犯罪による収益の移転防止に関する法律違反となる。

もっとも、この事件で被告人は一切利益は得ておらず、被害者の側面もある。金融業者は60万円を融資するどころか、通帳などを入手するとすぐさま悪用。それがバレたことから、被告人宛てに銀行から「不審な入金があった」と連絡が入った。もちろん入金された金は業者によって即下ろされており、聴取に応じた被告人は罪を認めたという。

借金（ローン）返済に追われた男が、行き詰まった揚げ句、悪徳金融業者に引っかかったこの事件。すぐに発覚したから良かったが、そうでなければ被告人の通帳を使ってさまざまな犯罪が行われていたことだろう。軽い気持ちで通帳の横流しなどしたらとんでもないことになる。

審理はサクサク進み、検察の求刑は1年6カ月。前科・前歴がないことから執行猶予付きの判決になるのは確実だが、罪を犯した代償はそれなりに大きいことだろう。せっかくこの年までコツコツやってきたんだろうになあ……。

裁判長が不満の色で被告人を問い詰める異例の展開

さて、そろそろ帰ろうか……。

ところがこの裁判、ここから先があったのだ。終わるかに思えたそのとき、裁判長が不満の色をにじませながら、被告人を問い詰め始めたのである。

「あなた、家族に今回の件を言っていないそうですね。裁判所から通知が送られたはずですが、それを見せていない？」

「はい。妻が受け取ったのですが、ごまかしました」

情状証人が出廷していないのは、知らせていないからなのだ。

「会社にもこの話はしていないんですか？」

「はい。知らせていません」

「定年まであと４年で、退職金が欲しいから、ということですか。ローンは払っているんですか？」

「生活費を切り詰めて、なんとか払っています」

「被告人になっていることを、家族に言わないままでいいのか。よく考えたほうがいいんじゃないですか。話さないのは疑問です」

うなだれたまま黙り込む被告人。表情に余裕はなく、肩をすぼめて小さくなっている。裁判長の言うことは正しい。被告人は送った通帳やキャッシュカードが犯罪に使われるであろうことを知っていたに決まっている。そんなことはどうでもいいから60万円貸してほしいと考えていたのだ。送付先に私書箱を指定する相手が、約束通り60万円融資してくれるはずはないのだが……。

しかし、それはマヌケというより、そこまで頭が回らないほど必死だったと考えることもできる。60万円は遊びに使いたくて借りようとしたのではない。生活費を補充し、ローンの返済をすみやかに行うためである。

ローン返済が滞ればどうなるか。最悪、マイホームを取り上げられたり、子どもの教育に支障をきたすようになる。被告人はなんとかしてそれを防ごうとしたのだ。

やったことは悪い。法律に反した行為だった。自分勝手な行動で、多くの人に被害を与える可能性もあった。しっかりしろよ、と僕も言いたい。が、だからといって裁判長の正論にうなずく気にもなれないのだ。

営業マンとして数十年間も働いてきた被告人には、守りたいものがある。せっかく建てた家であり、家庭の安定だ。手段は間違えたけれど、今回の事件もそのために起こしたようなものなのだ。もしも60万円借りられていたら、被告人は昼食代を節約し、妻にバレないような言い訳をしてボーナスの一部を使い、きっちり返そうとしただろう。

家族に知られれば、家庭は大混乱になる。離婚されるとか、子どもから軽蔑されるとか、いいことは何もない。お父さんは私たちのためにそこまでやってくれたんだ、なんて思ってはもらえない。

会社だってそうだ。知られたら問題になるのは必至だし、同僚からはさげすまれ、高い確率で首が飛ぶ。そうなれば当てにしている退職金にも響き、ローン返済がいよいよ苦しくなってしまう。家や家庭を守れない。定年まで勤め上げるのを前提とした人生設計が狂う。被告人にとってそれだけは避けたいことだったのだ。

世の中は理屈だけでは動かない

今回、いくつかの幸運が重なり、家族や会社に知られることなく裁判当日を迎えることができた。守りたいものが崩壊しかねないところだったが、最後の一線で踏みとどまれている。被告人は薄氷を踏む思いで普段と変わらぬ風を装い、今日を迎えたのだ。いまさら知らせるはずないでしょう。

裁判長は、重大な秘密を抱えて生きていくのは、家族への裏切り行為じゃないかと言いたかったのかもしれない。「あんたは卑怯者だよ」と。あるいは、「正直に話せば家族は理解してくれるんじゃないですか」と。

甘いな。理屈はそうかもしれないが、世の中は理屈だけで動いているのではないのだ。被告人にとって、いまは人生最大のピンチだ。あと4年、歯を食いしばって働くと決めている。ローンを終えるまで、家族にも会社にも今回の件は内緒だと決めているのだ。逃げ回っているのとは少し違う。

人生でもっとも苦しい4年間になるだろうが、被告人は耐えるはずだ。節約に励み、スーツも新調しない。二度と犯罪には加担しない。それが被告人なりのけじめの付け方なのではないだろうか。

それは正しくないかもしれない。でも僕はその考えを否定したくない。

お金編❷

置き引き犯が財布に1万円だけ残した理由

女性乗客の財布から14万円をネコババしたタクシー運転手

※被告人のPROFILE
職業：タクシー運転手
年齢：40代前半
性別：男性
罪名：業務上横領（置き引き）

被告人は元タクシー運転手（逮捕により解雇）、罪状は業務上横領。となれば、犯した罪の内容は察しがつくだろう。女性の乗客が車内に忘れたバッグから現金を盗んだのだ。その額、14万円。大金だから、忘れたほうは慌てて探すに決まっている。タクシー会社に問い合わせされたら、よほどうまく立ち回らないかぎり発覚する確率が高いことはわかりそうなものだ。

それでも盗ったとなれば、そこには理由がなければならない。それはなんだろう。被告人は40代前半、前科・前歴はない。傍聴席最前列には、妻らしき女性が情状証人として証言台に立つべく控えている。いったい何を話すのだろう。事件の規模は小さいが、興味をひかれるところは少なくなかった。

「（タクシー会社では）遺失物があった際は運転手が保管・管理することになっていますが、被告人は客である◯◯さんが忘れたリュックサックの中から財布を取り出し、14万円を抜き取って着服。1万円だけ財布に残して戻したリュックを会社に提出しました。◯◯さんがタクシー会社に連絡し、リュックを取りに行って中を確認したところ、金がなくなっていることが判明。警察に届けたことから、被告人の犯行ということがわかりました」

「借金」は2400万円、月平均27万円もパチンコに投入

逮捕の決め手となったのはドライブレコーダーの映像や走行記録。◯◯さんを降ろしたあと、被告人が別の場所で路上に車を停めたことを追及され、最初は否定したものの、自白することになった。当日、◯◯さんはホストクラブで飲食したあとで、酔っていたことや機嫌が悪かったこともあり、車内に忘れた財布の件でタクシー会社に電話したときには運転手（被告人）から強制わいせつの被害を受けた、とも訴えたらしい。実際にはその事実はなかったのだが、後述するように、女性がこの訴えをしたことが結果的に犯行の呼び水となった。

被告人は冒頭陳述で検察が読み上げた犯行の経緯を認め、何を言われても逆らわない構え。

弁護人の顔つきを見ても執行猶予付き判決狙いなのは明らかで、実際、実刑になることは考えにくい。この事件の見どころは、バレる確率の高い犯罪をなぜ行ったか、1万円だけ財布に残した意図はどこにあるのか、夫の犯行を知った妻が法廷で何を証言するかである。

検察は被告人の苦しい経済状況を動機として挙げた。住宅ローンの残金2000万円に加え、カードクレジットの借金が400万円もあったという。

「被告人はパチンコが好きで、会員カードを所持。利用状況を調べたところ、相当の額をパチンコにつぎ込んでいたことが明らかになっています」

その金額は、2018年8月〜12月の5カ月間で138万円に達している。月平均で27万円以上。勝つ日もあっただろうが、カードクレジットが増えた大きな理由はパチンコにあり、返済への焦りが犯行の引き金になったと言いたげだった。

一方、弁護人は被害者との間に示談が成立し謝罪が受け入れられていること、被害額を弁償したことのみ述べ、すぐに被告人の妻への証人尋問を開始。

弁「あなたはパートに出られていますね。いつからですか」

妻「去年の5月からです。パートの収入は月に約7万円で、生活費と日用品に使い、足りないときは主人に言って、月に3万円ほどもらっていました」

夫婦の間には子どもが3人いるので、それまでは子育てに追われていたと思われる。借金

400万円のことも、今回起訴されるまで知らなかったとのこと。離婚は考えなかったのかという質問にも首を横に振る。

妻「子どもたちには父親が必要。一緒に借金を返していこうと思います。今後は私が家計を管理し、すべてを把握するよう努めます」

被告人はなぜ、被害者の財布に1万円を残したのか

サバサバとした語り口から、夫への愛情が残っていることが感じられた。夫は立ち直れる、今回の事件は出来心として許そう、と思っているのかもしれない。そうであれば、子どもたちのことを考えても、いますぐ離婚する必要性はないだろう。

しかし、攻める立場の検察は、夫婦間の愛情とは別のことを問題視していた。パチンコでの浪費である。夫のギャンブル癖をどう思っているのか。

妻「パチンコは、私から見てのめりこんでやっているようには見えていませんでしたし、やめてほしいとまでは思っていません。きっと……大丈夫だと思う」

ええ？　こういう場合、本心はどうあれ、きっぱりやめてもらうと答えるのがセオリーなのに、根拠もなく大丈夫と言っちゃったよ。驚いたのは僕だけではなかった。裁判長が身を乗り

出し、重ねて尋ねる。

裁「400万円の借金がありながら、5カ月間に138万円もつぎ込んでいる。そのことをどう思うかと質問しているのですよ」

妻「はい。びっくりしますけど、そんなに負けているという認識はありませんでした」

裁「今後、パチンコとの関わりについて、どう考えますか」

監督責任のある妻が借金がかさむ要因となったギャンブル癖を楽観視したままでは、執行猶予付き判決を下しにくいということなのか……。大丈夫と答えてはいけない雰囲気にようやく気がついたのか、妻は答えを修正した。

妻「夫と話し合って、どういうお金の使い方をしているのか把握するように努めます」

被告人質問は事件の経緯を確認することから始まった。

動機は単純で、被告人は酒に酔っていた女性乗客◯◯さんと車内で楽しく会話をし、酔客相手に問題なく仕事をこなしたと思っていたのに、その女性客が車に忘れものをしたという連絡を会社に入れた際、なんと自分から強制わいせつされたと言った、と知らされ腹を立てたからだという。

「私から卑猥なことを言われたと苦情を受けたと聞き、頭にきて、(めぼしいものがあったら)

盗ってしまおうと思いました。もちろん、お金が欲しかったのも事実ですが、〝なんだよ！〟という気持ちが強かったです」

１万円だけ財布に戻したのは、全部盗るのは申し訳なかったのと、もしかして相手が自分の勘違いだと考えてバレなければラッキーだと思ったそうだ。15万円入った財布から14万円抜かれて気づかないわけないいんだがなぁ。

母の遺産2000万円が入り、堅実だった生活が狂ってしまった

つぎに、検察がローンや借金返済事情を質問していく。住宅ローンの返済額は月に10万円だから家賃並み。タクシー運転手の給料は手取りで30万円代後半だが、妻のパート収入を合わせれば、月収はざっと45万円。そこまで苦しい数字ではない。やはりパチンコなのかと疑ったら、思わぬことを被告人は告白しだした。数年前、母の遺産が入ったことで、堅実だった生活が狂ったというのである。

「１年に５００万円ずつ、４年間で２０００万円ほど入ってきました。タクシーの仕事は続けていましたが、その間は怠けがちになりました。生活水準が上がってしまい……そして遺産が尽きてからも、生活水準を落とせないまま今日まできてしまいました」

年間500万円の不労所得があれば暮らし向きは楽になる。2年前、遺産の受け取りが終わるのはわかっていたが、その間の幸せそうな家族の姿を見ていたため、生活水準を落とせなかったという。

生活費が足りなくなり、妻に内緒で借金をするようになった。たしかに臨時収入を狙ってパチンコもしたが、ギャンブル資金欲しさからではなかったようだ。だからこそ、妻は被告人のギャンブル癖を疑う検察に、楽観的な証言をしたのである。

悪循環が始まる。借金はたちまち膨らみ、返済に追われるようになった。月の返済額は約6万円だという。利子があるから、いくらも減っていかない。給料だけでは賄えなくなったのに、ぜいたくな暮らしを続けていた。不安を抱いた妻がパートを始めてからは勤務態度を改め、遺産相続以前の給料を稼ぐようになったが、今回の事件を起こすまで、借金のことは隠し通していた。なぜなのか？

「自分の見栄から、妻に『大丈夫なの？』と聞かれても『平気だ、平気だ』と言っていました。借金の話をしたら、家族がバラバラになりそうで怖かったのです。留置場で、これからはちゃんとやっていきたいと反省し、許してもらえるとは思いませんでしたが、妻にすべてを話しました」

幸運なことに、離婚したいとは言われなかった。保釈中のいまは、妻の収入＋子どもの学資保険を切り崩して生活費を賄いながら仕事先を探す日々だ。

遺産バブルは終わり、前科が残った。でも家庭の崩壊は避けられた

せっかく得た親の遺産。あとから思えば、家のローン返済を早めたり、将来に備えて貯蓄したり、有効な使い途はいくらでもあったはずだ。被告人だってそんなことはわかっていた。4年間、少々ぜいたくな暮らしをさせてもらい、それが終われば、また地道にやっていこうと考えていた。

誤算だったのは、〝遺産相続バブル〟で上がった生活水準を元に戻す難しさだ。見栄っ張りの被告人は、家族にさえ虚勢を張り、こっそり借金をするようになる。それが次第に膨れ上がり、ストレス解消や臨時収入狙いでパチンコにはまり、揚げ句の果てに、現金14万円を盗んで御用となったのが今回の事件だ。

バブルは終わり、借金と前科が残った。でも、家庭の崩壊だけは避けられた。カード決済はやめ、現金でしか買い物しないようになった。今後は妻が家計を管理することにもなった。パチンコもやめた。

立ち直るための条件は整ったと思う。このチャンスを活かせるかどうか、被告人の再起に期待したい。

お金編❸

詐欺犯はコンビニで外国人店員のレジに並ぶ

※被告人のPROFILE
職業：無職（ネットカフェの住人）
年齢：40代後半
性別：男性
罪名：詐欺等

水族館の入場券をコンビニで買って、転売

罪状は、「詐欺等」。40代後半の男性被告人は、犯行当時、無職で窃盗歴も多数。おそらく単純な事件で、巧妙な手口に感心させられることもないだろう。傍聴席を立たなかったのは、同時間帯に見たい裁判がないという消極的な理由にすぎなかった。

検察が起訴状を読み上げる。

「被告人は不正に入手したクレジットカードを使い、コンビニで入場券95枚、20万7000円の購入を申し込み、だまし取った。また、（同じく不正に入手した）クレジットカードを使い別のコンビニへ行き、店員のA・サポス（仮名）に対し入場券購入を申し出て、54枚、

11万1800円分を購入した」

最初に購入した入場券は「アクアパーク品川」（東京・港区にある水族館を核とする屋内型アミューズメント施設）などのもので、購入後は金券ショップに転売して現金化していたという。買い取り額は定価の35～40％くらいだというから、8万円前後だ。

そのあとに購入した入場券54枚（11万1800円分）は、50枚分を換金した（約4万2000円）。ほかにも同じ手口で44枚の入場券を3万7600円で売却しており、そうした収入でネットカフェを転々としながら生活していたという。

〈人のクレジットカードを使ってコンビニで入場券購入＋金券ショップで売却〉は被告人なりに考え抜いた必勝詐欺パターンだったのだ。さらに、捕まらないようにするため悪知恵も働かせていた。それは、外国人スタッフの多いコンビニを狙うことである。

なぜ、外国人コンビニ店員のレジに並んだのか

日本語に不慣れな外国人が相手なら、カードで購入する際に必要となる漢字の署名が、名義人の書き方と一緒でなくてもバレにくいと考えたのだが、それがうまくいった。外国人スタッフを責めるのがナンセンスなのは、自分が英語圏のコンビニでアルバイトすることを想像した

ら納得できるだろう。

購入はコンビニ内にあるマルチメディア端末で申し込み、店員との接触は精算時のみ。外国人なら日本のオヤジが何を買うかに興味を持たないとの読みもあった。いつも入場券だったのは、持ち運びしやすくて高額で換金できるから。金券ショップでは拾った保険証を身分証として提示し、身元がバレるのを防いでいた。シンプルな犯罪だけれど、うまくやれば成功率が高いのである。

狙うのは酔っ払い会社員

被告人は30代まで実家に住み、建設現場などで働いていたが、ヒザを痛めて仕事を辞め、2年前に実家を出てからは路上やネットカフェで生活してきた。その間、この方法で月に10万円以上稼いでいたという。

その知恵とガッツをまっとうなことに使えば、この人は犯罪などしなくてもやっていけるのではないか。頭を下げて実家に戻り、住民票と健康保険証を確保してコンビニでバイトするのはどうだろう。万引きや詐欺にめっぽう強い店員になれるはずだ。

では、なぜ捕まったのか。

知恵を働かせたといっても、たったひとりで行う犯罪。同じ手口の詐欺が続いたことで、前歴が多数ある被告人は当局にマークされていた。検察ははっきり言わなかったが、監視カメラに犯行時の様子が映っていたのだろう。逮捕時は指名手配中だったという。

逮捕されたのは、深夜のJR山手線で被告人に気がついた警察官に、駅で他人のバッグを物色しているところを見つかったからだ。電車内や駅の構内で財布を盗み、その足でコンビニに行ってクレジットカードで入場券を買うのが被告人の常套手段だったのである。検察が、犯行のひとつを次のように説明した。

「午後9時半ごろ、JR田町駅から乗車したAさんが、飲酒と仕事の疲れから座席で寝てしまい、渋谷駅で改札を出ようとして、背広の内ポケットに入れていた財布がなくなっていることに気がついた。後日、カード会社から不審な引き落としがあったと連絡を受けたため、誰かがAさんになりすましてカードを使用したことがわかった」

財布やカードを紛失しても届け出ない人が多い理由

Aさんは、自分はおそらく財布を落としたのだろうと思い込み、夜でもあることからカード会社に連絡するのをためらった。そのスキに入場券を買われてしまったのだが、Aさんの気持ちはなんとなくわかる。

午後9時半の山手線なら、それなりに乗客は乗っているはずだ。居眠りしたといっても、田町から渋谷までの乗車時間は15分程度。そんな短時間のうちに、内ポケットの財布を盗まれてしまうなんて、想像できない人が多いのではないか。

過去に経験がなければ、身に着けているものを奪われたと考えるより、どこかに忘れたか落としたに違いないと考えるのが自然だ。その場合、親切な人が拾って駅に届け、連絡が来る可能性もある。そう考えている間にカードは悪用されてしまうのだ。

被害に遭ったと思っていないので警察にも届け出ない。まさに犯罪者の思うツボで、置き引き犯が捕まりにくい理由にもなっている。

もっとも、この被告人は盗みのプロというより、成り行きで犯行を重ねたタイプだったらしい。検察が続ける。

「被告人は路上で拾ったクレジットカードをコンビニで使い、うまくいったのがきっかけで駅や電車内に目をつけ、酔っ払って忘れたバッグを置き引きしたり、酔って眠り込んだ乗客の財布を狙うようになりました」

監視カメラ対策もせず、同じエリアで犯行を繰り返せば、捕まるのは時間の問題だったのかもしれないが、今回の事件で僕が気になったのは狙われる側だ。駅構内の置き引きや電車内での盗みで被害者になりやすいのはビジネスマンではないか？

観光客も狙われそうだが、被告人の手法では、漢字で署名のできる日本人のクレジットカードをゲットすることが必須。犯人が男性なら、ターゲットは近寄るだけで周囲から怪しまれる女性ではなく男性になる。では、男性の中でもっともスキがあるのは誰か。酔っ払いだ。泥酔して眠りこけている酔っ払いこそ、犯罪者から見てもっともガードが甘く、狙いやすいカモなのである。

酔っぱらいの中核を占めるのはどんな人なのか。疲れや飲酒から居眠りしやすく、現金やカード類をポケットの中に入れている男性。そう、ビジネスマンだ。

ビジネスマンには、酒に酔って座席に座ったら荷物を足元に置くか網棚に放置してしまうなど、警戒心のかけらもなくなる人がいる。スーツのボタンはだらしなく外され、ポケットが見えている。お尻のポケットから長財布が半分以上はみ出している。どうぞ盗んでくださいと言わんばかりに……。そんな状態で駅構内やプラットホームのベンチにいる酔っぱらいはたやすく発見できるし、電車内で目撃することもしばしばだ。身に覚えのある人も多いのではないだろうか。

届け出された「置き引き」件数は全国で1日100件近く

2018(平成30)年版「犯罪白書」によると、刑法犯の中で「窃盗」の占める割合は約71%(65・5万件超)で、第2位の「器物損壊」の約10%を大きく引き離して圧倒的なトップだ。窃盗でもっとも多いのは、自転車などの「乗り物盗」で36%。次いで「万引き」の16・5%、「その他の非侵入窃盗」14・3%、「車上、部品ねらい」12・5%となり、「置引き」は「空き巣」の3.9%を上回る4.7%で第5位となっている。

件数にすると3万件ほどだから、1日当たり全国で100件近く発生している計算だ。置き引きされたと届け出されたものだけでこの数なのだから、届け出をあきらめたり、どこかに忘れてきたと勘違いしたりした分を含めればさらに増える。

検挙件数は、窃盗全体で30%程度にすぎず、置き引きではさらに低い(検挙件数の3.9%)。置き引きは、被害者が遺失したと勘違いしやすいだけでなく、被害届を出したとしても捕まりにくい犯罪なのだ。Aさんのケースでも、たまたまカード会社が知らせてくれたから良かったものの、そうでなければ後日、銀行口座から引き落とされて終わりとなっていただろう。

日本は治安の良い国として世界に知られているが、窃盗犯はあちこちにいる。置き引きには、遺失物として届けるつもりだったのに出来心で盗ってしまうタイプの犯罪も多い。もちろん盗むほうが悪いのだけれど、出来心を誘発させる環境が整っているともいえる。

そもそも第一線で働くビジネスマンが公衆の面前でだらしなく口を開けて眠りこけているなんて緊張感なさすぎだろう。今日の宿、明日の食事にも事欠く犯罪者にとってこんなに楽勝な餌食はいないに違いない。彼らは駅のベンチや車内を仮眠場所と考えている飲み会帰りのビジネスマンを、手ぐすね引いて待ち構えている。

どうしても眠気に勝てないときは、貴重品はバッグの中ではなくしっかりと身に着け、上着のボタンを留める習慣をつけたいものだ。

253万円ネコババ〝窓際係長〟言い訳の屁理屈

※被告人のPROFILE
職業：不動産会社係長
年齢：50歳
性別：男性
罪名：背任

253万円を懐に入れた元係長はダブルのスーツ

東京地裁で開廷表を見ながらビジネスに関係しそうな事件を探していたら「背任」という罪状が目に留まった。

「背任」は「横領」とともに、ビジネスマンが仕事上でやらかす犯罪の代表的なものだ。「背任罪」について刑法にはこう書かれている。

〈他人のためにその事務を処理する者が、自己若しくは第三者の利益を図り又は本人に損害を加える目的で、その任務に背く行為をし、本人に財産上の損害を加えたときは、五年以下の懲

役又は五十万円以下の罰金に処する〉（刑法247条）

一方、「業務上横領罪」は〈業務上自己の占有する他人の物を横領した者は、十年以下の懲役に処する〉（刑法253条）とある。二つの違いは諸説あるが、「横領罪」のほうが罪が重く、メディアの注目度も高い。この事件もおそらく新聞記事にはなっていないだろう。

今回の事件、被告人席に座っていたのは、ダブルのスーツを着たかっぷくのいい男性だった。年齢は50歳。不動産会社の社員だったが、現在は解雇されており、裁判時の職業は「コンサルタント業」だという。保釈中のため身なりはきちんとしている。

法廷での被告人は、一般的に不安な表情を浮かべていることが多い。しかし、この被告人は憎らしいほど落ち着き払っている。容疑を認める覚悟ができているか、神経がずぶといかのいずれかだろう。

開廷が告げられ、検察が起訴状を読み上げた。事件の概要は以下の通りだ。

〈A不動産会社に勤務する被告人は、引っ越しに伴うエアコン取り付けなどの業者に顧客を紹介するといった業務の部署の係長。その立場を利用し、紹介された業者がA社に支払うあっせん料についての契約書を作る際、被告人が経営するコンサル会社（B社）を振込先に指定し、21回にわたり、合計253万円をだまし取った〉

被告人は罪を認め、A社に全額を返金し、示談が成立しているという。通常、企業は社内の不祥事が裁判沙汰になるなどして明るみに出ることを嫌う。にもかかわらず、告訴に踏み切ったのは〝見せしめ〟の意味が強いのだろう。「当社は悪事をウヤムヤにしません」という、社内外向けの意思表示である。

会社に「干されていた」被害者意識で背任行為

なぜ、被告人は253万円をだまし取ろうとしたのか。

目的は2つあった。ひとつは金銭的な利益を得ることだ。1回あたり約12万円の収入を、自ら経営する会社の運転資金の足しにしていた。もうひとつは、クレーム対策だったという。被告人の業務ではときおり顧客からのクレームがあり、たいていはA社が弁償することになるのだが、事務処理が複雑な上、担当者である被告人の失点になるため、数万円程度のことなら自腹で弁償するほうが良く、そのための資金が欲しかったという。

法廷で被告は悪びれることなく述べた。

「自分はA社で干されていると感じていました。いずれ辞めさせられるだろうと思っていましたので、その前に少しでもB社の資金を増やしておきたかった」

おそらく何か問題があって出世街道から外されたのだろうが、自己中心的な被告人は「自分を干して窓際族のような扱いをした会社が悪い」とでも言いたいように見えた。ゆがんだ被害者意識が本人を不正に走らせたのかもしれない。

この事件のキモは、契約書作成のプロセスだ。

被告人はどのようにして、A社や取引先をだますことに成功したのか。その手口は驚くほどカンタンだった。あっせん手数料を、A社ではなく、被告人が経営するB社に振り込むと明記した契約書を作ったのである。ポイントはその契約書が偽物ではなく、A社の責任者の印が押された正規の書類ということだ。検察が手口を確認する。

「あなたは部署内の決裁用に、支払先がA社となっている原案を作って印をもらった。そして、それが通ると支払先をB社に変更した正式書類を作り、社内決裁ではこの偽契約書を提出して社印をもらった。だから業者も怪しまなかったし、A社もB社を怪しまなかったということですね」

A社では「部署で決裁済みの書類」をろくにチェックせずに通すことが慣例化しており、被告人はそこに狙いをつけたのだ。書類の改ざんは、きちんと確認すればすぐわかるレベルのもので、被告人も万が一バレそうになったときは本来の書類に戻すつもりだったとうそぶく。

被告人は、A社が副業を禁じていたにもかかわらずB社を設立し、口八丁でA社にその存在を認めさせた〝悪い実績〟があり、怪しまれてもなんとかなるだろうと甘くみていたらしい。

A社の経理部門も金額的にもたいしたことのない決裁書だけに、部署の承認を得ているならばそのまま通すという風潮があったようだ。不正が発覚すればクビになるようなことを社員がするはずがないという油断もあっただろう。このようにして、被告人のたくらみはまんまと成功。偽契約書に社印が押されてしまったわけだ。

背任とは別のパワハラで解雇され、退職金もパー

シンプルな嘘はバレにくい。

正式のものとなった書類は効力を発揮し、よほどのことでもない限り再チェックされない。業者は疑わないし、部署内でも処理済みの案件となった。共犯者はおらず、B社の通帳を持っているのは被告人本人だ。あとは目立たない頻度で業者に仕事を発注すれば、B社に入金されていく。

仮にバレたとしても、会社が自分をとがめれば、社印まで押した上司の責任問題ともなりかねず、なんとか切り抜けられるのではないかと楽観的に考えた。当時の状況を説明する被告人の舌は滑らかだ。

「B社に振り込まれた金は、事務所家賃に充てたり、生活費として使ったりしていました。業者はA社に指示された口座に振り込むだけなので疑うはずがありません。業者からの手数料については私が管理する立場にあったので、A社に知られる心配もありませんでした」

すべて計画通りに運んだはずの背任行為だが、意外なことから2年後に発覚してしまう。被告人である50歳の係長は同僚に対する暴言の数々が悪質なパワハラ行為とされ、懲戒解雇されたのである。

ところが、どこまでも身勝手な被告人は会社の判断に激怒。検察もあきれ気味だ。

「あなたはね、金をだまし取っただけではなく、さらにA社から退職金をもらおうとゴネたそうじゃありませんか」

欲張りすぎたことが裏目に出た。一顧だにしない被告人の不遜な態度に不信感を抱いた会社は、もしやと思い、過去の仕事を精査した。すると、今回の件が明るみに出たのである。被告人はそれで、退職金を渋々あきらめ、背任で得た金を返金して示談となった。

「A社に迷惑をかけ、反省しております」

口ではそう言う被告人だが、ことばとは裏腹に、早速やらかしている。退職後、B社のパンフレットに、A社での実績（もちろんいい部分だけ）を掲載。削除を求められても応じず、怒り心頭に発したA社はすでに示談の成立した事件（背任行為）についても告訴したのだった。

求刑は1年6カ月。実刑ではなく3年程度の執行猶予が付くことになるだろうが、B社の将来は明るくないはずだ。被告人は被害者（A社）の信頼を裏切ったばかりでなく、パワハラをしてクビになったというのに、法廷の態度から反省のそぶりは見られなかった。こんな調子では、ビジネスの基本である信頼と信用を得ることは難しいと思う。

B社がなんとかやってくることができたのは、A社での実績をアピールしてきたからという面が強い。しかし今後はA社の看板を利用することができなくなる。そうなったとき、被告人は自分自身のちっぽけさを思い知らされることになるだろう。

要領の良さとズル賢さで稼いだ〝得〟は、それがバレたとき、台無しになるばかりか、将来に大打撃を与えかねない。自己の利益を追求しようとした結果、ビジネスをする上でもっとも大切な〝信用〟を失ってしまった被告人は、実社会の中で、しでかしたことの代償を払わされるに違いない。

女・酒・クスリ編❶

酒で暴れる人の口癖は「死ぬまで飲みません！」

※被告人のPROFILE
職業：事業家、職人など3人
年齢：50～60代
性別：男性
罪名：暴行

「うまい酒」が2次会の焼肉飲みで急転

酒に酔っての暴行事件がときどき世間を騒がせる。

裁判においても暴行、傷害、器物損壊といったジャンルには飲酒がらみの事件が多い。酔っ払って気が大きくなる程度ならまだいいが、何かの拍子で怒りの感情に火がつくと、まるで抑えが効かなくなってしまう人がいるのだ。彼らは酒の力を借りて、いったい何をしたかったのか……。

ひとしきり飲んだ後、焼肉店にやってきた中年男。だが混雑しており、従業員から「順番待ちになる」と聞かされると、なぜか突然激怒。コップの水を従業員に浴びせ、そのコップで殴るわ、蹴りつけるわ、の大暴れ。通報を受けて駆けつけた警察官の顔まで殴り、その場で暴行と公務執行妨害の罪で逮捕された。

その日は、ビジネスパートナー候補と新規事業の立ち上げの相談をしていたらしい。被告人は、親の遺産が入ったため、その金を元手に人材派遣の会社を立ち上げようと計画。将来的には塾の経営まで視野に入れた事業計画を進めていた。やや安易な感じもするけれど、とにかく実業家として成功することを目標に、実務を任せられるパートナーを見つけ、やる気マンマンだったという。

その話が一段落してから、打ち上げを兼ねて一杯やろうとなった。飲み屋では会社の業務内容を話し合ったのか、事務所の場所などを相談したのか、いずれにしても夢のある話になったのだろう。うまい酒だったのだ。それで2次会は焼肉でも、ということになった。つまり、この日の被告人は上機嫌であり、ストレスを溜め込むような不快なことはなかったのである。

問題はただひとつ。1軒目で飲みすぎていたことだ。

「どんな判決でも従います。酒もタバコもやめます」

8年前、東京地裁で傍聴したこの中年男の裁判。酒に強いと自負しており、酔っている自覚もなかったと被告人は言うが、弁護人によると、被告人には酒乱の傾向があり、酔うと人が変わってしまうという。従業員の態度を横柄に感じたというような、些細な理由で怒りの導火線に火がつき、ビジネスパートナーの目の前で暴力をふるうなど、少しでも冷静さが残っていたらできることではない。

「本当にひどいことをしました。どんな判決が出ても従います」

被告人はしおらしく反省した。初犯だし、執行猶予が付くのは確実。気になるのは、同じことを繰り返す可能性である。

この事件で、ビジネスパートナーは手を引いてしまった。事業計画は振り出しに戻ったが、資金がなくなったわけではないし、まだ挽回可能。しかしその酒癖は将来もトラブルの種になりそうだ。裁判長に「酒癖の悪さを解消する手段はあるのか」と問われた被告人は、こう答えた。

「はい、酒をやめます。勾留されていた2カ月間、酒もタバコもやっていないので、これを機にどちらもやめます！　酒さえ飲まなければ自分は……。必ずやめると誓います！」

出たよ、禁酒宣言。

判決を軽くしたい被告人は、ほぼ共通して「禁酒宣言」をする。だが法廷にいる全員は「必ずまた飲むな」との印象を抱く。そこには、どうしたら飲まずにいられるかという具体的な対策が皆無だからだ。きっぱり酒をやめられればいいが、そうでない場合には、また理由もなく大暴れしてしまいかねないことを法曹関係者なら嫌になるほど知っている。

裁判官もあきれる「酒やめるやめる」詐欺

別の暴行事件では、60代の元職人が被告人だった。昼休みから酒を飲み始め、日本酒5合を飲んだところで、ツマミを買いに出かけた。その途中、すれ違った通行人にコップを投げ、そのことを注意した相手を追いかけて引き倒し、頭から酒をかけた。

意味がわからないのである。はっきりしているのは、常軌を逸した行動を取るほど被告人が酔っていたことだけだ。自分のしたことはおろか、なぜ腹を立てたのかすら覚えていないとトボける被告人に、検察がぶすっとした顔で言う。

「取り調べでは細かく言い訳しているのに、今日は覚えていないと言っている。どっちが本当なんですか？」

被告人は答える。

「外で飲んでいても、自分なんかに声をかけてくれるのは、おばあさんくらいしかいない。そうした寂しさが原因だったかな、と」

会話は噛み合わない。のらりくらり追及をかわそうとする被告人。どう答えれば有利になるかを考え、裁判では「知らぬ存ぜぬ」を決め込むことにしたのだろう。しかし、そんな態度を検察が許すはずもない。被告人がアルコール依存症気味であることを明かすだけではなく、こう続けた。

「前回は傷害致死事件でしたね」

げ。すごく小さな事件かと思ったら、過去に人を殺めたことまであったのか。しかも、今回の事件は服役を終え、出所間もないタイミングで起こったという。

懲りてないなあ。酒に酔った自分の危険性が自覚できていないのか。飲めさえすればあとは野となれ山となれの心境なのか。酒で人生を狂わせ、あまり反省しているとも思えない被告人に、検察はこの先どうするつもりかと尋ねた。

「今度こそ酒はやめます、約束します」

今この場面でもっとも説得力のないセリフである。１００％無理、と思った瞬間、腹に据えかねた検察が声を荒げた。

「そんな話を誰が信じますか！」

被告人たちの話を聞いていると、引き起こした暴力に、必然性もやむにやまれぬ事情もないことがよくわかる。飲んで何かしたかったわけじゃなく、とにかく飲みたかったのだ。酔って記憶をなくした間にしたことは〝自分のせい〟じゃなくて〝酒のせい〟なのだから、知ったこっちゃない。そういう考えが透けて見える。

ハシゴ酒の果てに人を刺して逃げた50代男性（記憶なし）

さらに別の事件。

東京から京都に出向き、飲み屋をハシゴした揚げ句、ペティナイフで客を刺して逃げた50代のオヤジは、何のために京都に来たかも忘れるほど酒に溺れてしまった。

移動中の新幹線でビールのロング缶を3本空け、そのあと京都駅近くの居酒屋2軒で生ビールの中ジョッキと焼酎の水割りを10杯ほど。ここで記憶は途切れる。足跡をたどると、被告人は多くの料亭、茶屋が並ぶ先斗町まで歩き、赤ちょうちん3軒で中生+焼酎水割りをやはり10杯やってから、今度はスナックに入店していた。

「やっぱり1杯目はビール、そして焼酎ですね。なんで私が焼酎を飲むかというと、燗酒を5合飲むと、キレてしまうからなんですね」

日本酒を避けても酒量が度を越せばしっかりキレてしまうのが被告人なのだが、それにしてもよく飲む。なんと、このスナックでは焼酎のボトル2本を飲み干した。それから、なぜか屋台でお好み焼きを3つも買い、次の店に差し入れとして持っていく。酔いも回りに回り、最後の店に入ったときには正体不明になっていた。

ここでも焼酎の5、6杯は飲んだだろうと被告人は振り返る。で、とうとうホテルに帰ろうとタクシーに乗ったとき、店に上着を置いてきたことに気づいて引き返すのだが、その途中で人を刺してしまうのだ。ナイフを持っていた理由は不明（本人は護身用と表現していた）。

「悪いボッタクリに声をかけられたのか。何もなくて人は刺しません」

記憶がないので適当なことを言う被告人。前科も多数あり、飲み始めたらきりがなくなるのも自覚していたのに、なぜ、こうなるのだろう。

「服役中は、シャバに出たら思い切り飲みたいと思っていますから、出てきたらそりゃ飲みます。今回はすみませんでした。刑務所で今後の生き方を考えます」

裁判長の問いかけにも、納得できる説明はない。しかし、こんな被告人でさえ、「最後に言いたいことは？」とうながされると言ってしまうのだ。

「酒さえ飲まなければ自分の人生は変わっていたと思います。もう酒はやめます。今度出てきたら、死ぬまで飲みません」

女・酒・クスリ編❷

「刑務所に入れば飲まずに済む」という依存症者の告白

※被告人のPROFILE
職業：営業マン
年齢：?
性別：男性
罪名：暴行

飲んだら負けと誓う人が、なぜ「気づいたら飲んでいた」のか

裁判傍聴をしていると、アルコール依存症の被告人にときどき遭遇する。アルコール依存症は病気であって犯罪ではないので、酒を飲んで逮捕されることはないのだが、それが原因で事件を起こす人がいるのだ。

酔っ払ってケンカをする。店で暴れる。ときには泥酔の末、殺傷事件を起こすこともある。酒のせいで理性が吹き飛んでしまうわけだが、自分のしたことを覚えていないことも多く、巻き込まれるほうはたまったもんじゃないのである。

法廷で被告人がよく口にするのがつぎのことばだ。

「気がついたら飲んでいました」

「そんなわけはないだろう」と心の中でツッコミたくなるが、何度も聞かされると、本当にそうなんだなとわかってくる。

アルコール依存症の自覚がある人は、酒を断つことの難しさを知っている。多くの被告人も、酒がうまいとか酒の席が楽しいといった安易でルーズな理由で飲むのではない。むしろ逆だ。もともとは、自分は一滴でも飲めば連続飲酒してキリがなくなり、何をしでかすかわからないから、飲んではならない、飲んだら負けだと心に強く誓っているのだ。しかし最終的には、「気がついたら飲んでいた」という事態に陥る……。

もう10年近く前になるだろうか。まさにそんな事例の裁判があった。被告人は営業マンで、暴力事件の裁判だった。

その被告人は、半年ほど前に酒を飲んで同僚を殴ったことがあった。裁判沙汰にはならなかったものの、会社に居づらくなって辞表を提出。転職後は、アルコール依存症であることを自覚し、酒に近づかないように注意しながら生活していたという。

自分は下戸だと嘘をつき、会社の飲み会などには絶対出ない。上司に誘われても口実を見つけて断る。飲まなくても参加するくらいいいじゃないかと言われても、かたくなに拒否する。たとえその場はガマンできたとしても、飲みたいという気持ちに火がついたら終わりだと考えていたからだ。同僚から付き合いの悪い男と思われてもかまわなかった。

誘惑を断つため、家にはテレビも置かない。うっかり酒のCMを見てしまうかもしれないからだ。通勤電車では読みもしない文庫本から目を離さないようにしていた。

「酒の中づり広告ってやたらと多く、飲め、飲めと言われている気がするんです」

半年断酒していた被告「カップ酒1本なら……」で崩壊

断酒も半年にさしかかった頃、出社途中の被告人は、駅のホームでカップ酒をうまそうに飲むオヤジの姿を目に入れてしまう。見てはならないと思うのだが、目が離れず、足が止まった。

カップ酒1本ならいいのではないか……。いや、日本酒は臭うからやめておこう。ビールだ。缶ビール1本だけ飲んで会社に行こう。自分は半年間も断酒に成功している。1本だけ飲んだら普段どおり会社に行き、また断酒生活を始めよう。

そう考え、いったん駅から出てコンビニでビールを買い、路上で飲み干したら止まらなくなった。かすかに覚えているのは、コンビニに戻ってカップ酒を2本立て続けに飲んだところまで。しこたま酒を買い込んで自宅に戻ったことも、会社を無断欠勤したことも、そのまま日が暮れるまで飲み続けたことも記憶には残っていない。

捕まったのは、夜になってコンビニに酒を買い足しに行ったとき、金を払わずに店を出ようとしたためだった。家に財布を忘れてきたが、どうしても飲みたかったので盗んでしまったのだ。店員に声をかけられるとフラフラの状態で殴りかかり、タチが悪いということで警察に通報されてしまった。

被告人は二度と飲酒しないと誓い、執行猶予付き判決を受けたが、裁判長は病院で治療を受けることと、断酒を続けるための組織に入るように念を押した。

「アルコール依存症を克服するには、生涯酒を口にしないことしかありません。あなたは今回、一滴でも飲んだら努力が台無しになることがわかったはずです。ひとりで克服してみせるなどと甘いことは考えないでください」

もう酒なんてこりごりだ、一生飲むものかと心に誓う。治療を受け、「断酒会」にも参加して同じアルコール依存の仲間と励まし合い、立ち直る人もいる。

一方で、施設になじめず、自力でなんとかしようと考えて退会する人も多いと聞く。しかし、ひとりで立ち直るのは至難の業。酒の誘惑から逃れることができず、またしても事件を起こしてしまう人も少なくない。

もちろん自業自得ではあるのだが、別のアルコール依存症の被告人には同情を禁じ得ないケースもあるのだ。酒から逃れるために、わざと罪を犯して捕まろうとする人である。刑務所に入れば否応なく酒を断つことができるからだ。

刑務所で断酒するために「居酒屋で日本酒1升」無銭飲食

でも、その行動には虫がいいと思える部分もある。

彼らは、酒をたっぷり飲んだ上で、最小限のリスクで捕まる「戦略」を立てているのである。飲み始めると自分を制御できず、下手すれば人を傷つけかねないが、それは避けたい。執行猶予期間中に罪を犯せば、前回の判決も加味されて実刑にしてもらえる（刑務所に入って断酒できる）ので、そう大きな事件である必要はない。そのためには何がいいか……。

考慮の末、選ばれやすいのが居酒屋での無銭飲食（事件名は詐欺）である。その際、酔って暴れ、他の客ともめたとしても、店員が止めてくれるから大事にはなりにくい。

所持金を持たずに入店し、素知らぬ顔でオーダーするのはどんな気分なのか。検察や弁護人が尋ねても被告人の答えは曖昧だ。

「捕まる気でいたから、細かいことは考えませんでした」

「頭の中が酒でいっぱいで、それ以外のことは気になりませんでした」

いずれも本音なのだろう。被告人にしてみれば〝最後の晩餐〟である。大事なのは、いかにたらふく飲み、スムーズに捕まるかなのだ。

覚悟を決めた被告人たちの多くは日本酒換算で軽く1升は飲む。ビールに始まり焼酎、日本酒まで、閉店まで粘りに粘ってフルコースを堪能するのがパターンだ。そしてお約束のように会計時に少し抵抗してから捕まる。

「逮捕されたときのことは覚えていませんが、意識が戻ったら警察にいて、これで飲まなくてすむんだと思ったらホッとしました」

まるで捕まえてくれてありがとうと言わんばかりの態度に、なった人にしかわからない、アルコール依存症のつらさが表れている。話を聞けば聞くほど、被告人たちは――酒のことを除けば――普通の人たちで、十分に更生できる可能性があると思う。

アルコール依存症と戦いながら日々を過ごしている人は大勢いる。当然ながら彼らのほとんどは犯罪者にもならず、ストイックな生活を貫いている。非依存者には、彼らが今日も一日飲まずにいることの大変さを理解することはできない。できるのは邪魔をしないことくらいなのかもしれない。

まずは、酒を飲みたがらない人にかける、この一言をやめることから始めてはどうだろう。

「まあまあ、野暮なことは言わないで、一杯だけ付き合えよ」

女・酒・クスリ編❸

薬物裁判 執行猶予の男女を成敗した人物

※被告人のPROFILE
職業：会社員
年齢：20代
性別：カップル
罪名：大麻所持

大麻・覚醒剤などの「薬物」裁判件数は「窃盗」並み

裁判所へ行くと、その日の公判予定を専用のＰＣでチェックする。「窃盗」と並んで目立つのは「薬物」の事件だ。芸能人が薬物の所持・使用で捕まるたびに世間は大騒ぎするが、僕のような傍聴人にとってこうした事件は何年も前からごくありふれたものになってしまっている。

量刑は決して軽くない。大麻取締法違反の量刑（罰金刑を除く）は、こうなっている。

〈栽培または輸出入：営利目的なしの場合、7年以下の懲役。営利目的ありの場合、10年以下の懲役（３００万円以下の罰金の併科あり）

所持・譲渡・譲受：営利目的なしの場合、５年以下の懲役。営利目的ありの場合、７年以下の懲役（２００万円以下の罰金の併科あり）〉

実際に下される刑罰の相場は、栽培または輸出入で1年半～2年（初犯の場合執行猶予３年程度）、所持・譲渡・譲受で半年～1年（同３年程度）となっている。

覚醒剤取締法違反はさらに重い。

〈所持・使用：営利目的なしの場合、10年以下の懲役。営利目的ありの場合、１年以上の懲役・最長20年（５００万円以下の罰金の併科あり）〉

ただ、こちらも実際は、初犯で営利目的がなければ懲役1年半（執行猶予3年程度）と実刑にはなりにくい。組織的犯行を除けば、初犯の場合は執行猶予付き判決が相場なのだ。罪状を認めていれば争点もないため、薬物を持っていただけ、ちょっと使ってみただけのレベルでは裁判の雰囲気もゆるい。審理は淡々と進み、せいぜい2回目、ときには即日で判決が言い渡される。

裁判長の説諭も、初犯なら「二度と手を出さないようにしてください」、再犯なら「治療を受けるように」が決まり文句となっている。僕が傍聴を開始した2000年代初頭は、大麻はともかく覚醒剤所持には特別感があったのだが、いまでは開廷表を見ては「今日も覚醒剤だらけか」とタメ息をつくありさまだ。

薬物裁判には「裁判長」より怖い存在がいる

しかし、昔もいまも変わらないことがある。証人として出廷したり、傍聴席の最前列でわが子を見守ったりする親（や親族）の愛情だ。

事件を起こしたことで学校を退学させられようと、会社を解雇処分になろうと、多くの親は子をかばい、自分が罪を犯したかのように謝罪する。そして、本来は悪い人間ではないと訴え、再発防止のために子どもを監督することを誓う。

初犯者だけではなく、何度も同じような犯罪を繰り返す子どもに対しても、同じことをする。もちろん親に見放された被告人もいるけれど、被告人が40歳以下の独身者で、法廷に親族がひとりもいないケースは少ないと思う。

被告人にとってありがたい存在の親は、とにかく子どもを守ろうとする。「今後は自分が責任を持って、息子のことを監視します」と言ったところで、そう簡単にできるはずはないのだが、心の底からそれを誓う。意地悪な検察から「どうやって守るんですか」と突っ込まれても、「わかりません。でも、どうやってでも守るんです」と答えるのが親なのだ。

子を守ろうとする親の本能は、薬物関係の裁判だけではなく、ごく普通の日常生活で日頃から発揮されている。その典型が恋愛だ。わが子の幸せを願う親は、どんな人と付き合っているかヤキモキし、ときには口を出し、鬱陶しがられる。結婚は当人同士が納得して相手を決めれば良く、親が決めるものではない。

家柄が釣り合わない、勤務先が一流企業じゃない、学歴が低い、年収が少ないなど、ブツブツ言われたとしても、最終的には自分たちで決めること。執拗にそれを言えば、子どもに嫌われてしまう。それは親もわかっているので、よほどのことがなければ、渋々であっても認めざるを得ないだろう。引き下がる理由もちゃんとある。「（相手には不満だが）わが子が幸せなら仕方がない」である。

音楽フェスで大麻を吸った20代会社員カップル

だが、引き下がらないこともある。それは「よほどのこと」だと親が思ったケースで、そうなると親は逆にガンガン介入してくる。薬物を含む犯罪行為はその最たるものだろう。ここに紹介する事例は、3年ほど前に傍聴した大麻などの所持や使用で捕まったカップルの裁判だ。

事件はシンプルだった。交際期間2年、同棲1年の20代カップル（どちらも会社員）が音楽フェスで大麻を吸い、脱法ハーブを所持していたことから捕まった。部屋にもたくさんあり、売りさばいて稼ごうとしたのではないかという疑いも持たれたが、それは頑強に否認。ふたりは結婚を前提に付き合っているというだけあって、被告人質問でもかばい合うような発言が目立った。

男「出来心で最初に大麻を吸ったのは私でした」

女「その場に私もいて一緒に吸いました。私と彼とは同罪です」

男「その後、どちらともなく脱法ハーブもやってみようということになり、ふたりだけで使用しました」

女「ネットを通じて購入しましたが、むしろ私が積極的だったかもしれません」

あくまでも音楽を楽しむためだったと強調しながら、相手の不利にならないよう、ことばを選んで発言しているのがよくわかった。ふたりの目に浮かんだ涙も自然で、自分たちの行動が調子に乗りすぎていたことも理解できているようだ。

男「目先の欲望に負けた自分が恥ずかしいです。これで目が覚めました。反省して済むことではありませんが、○○（女性名）とよく話し合い、二度とこのようなことをせずに暮らしていけるようにしたいと思っております」

やったことは悪いが、どちらも初犯である。仕事は失ってしまったけれど、おそらく執行猶予付き判決になる。力を合わせれば、いくらでもやりなおすことができるはずだ。

被告人の男はしっかり仕事をしていたようだ。女のほうも会社員として地道に働いていた。証言を信じれば、今回だけハメを外してしまったことになる。再犯の可能性は低そうだし、同じ傷を持つ者同士だから、これを機にきずなを深めていけばいい。僕は親戚のおじさんのような目線で公判の行方を眺めていた。弁護人は、被告人から反省のことばを引き出した後、励ますように男に問いかけた。

「裁判が終わったら、どうするつもりですか？」

「すぐにとはいきませんが、仕事を探し、生活が落ち着いたら○○と結婚したいと考えています」

「彼とは別れることになると思います」

法廷でここまで言うのだから、ふたりの間では結婚の約束ができているのだろう。男への質問が終わると、女の弁護人が同じことを問いかける。ところが……。

「それについては、ゆっくり時間をかけて結論を出そうと思います」

予期せぬ答えだったのか、男は意味を探るような目で女を見つめ、やがてちらっと傍聴席を見やって視線を膝に落とした。誰を見たのか。傍聴席最前列に陣取った、女の両親である。被告人たちは保釈中だが、裁判が終了するまで会ったり話したりすることはできず、離れて暮らしている。女は両親のいる実家に身を寄せていた。

女の答えは弁護人にとっても意外だったらしく、改めて質問がなされた。

「結婚を誓い合っているとうかがっていますが」

「そう……でしたが、いまはわかりません。というか、たぶん彼とは別れることになると思います」

男と弁護人が「信じられない」という顔をしたそのとき、女の父親がぐっと身を乗り出すようにして両腕を組み、椅子に深く座り直す。その顔にはこう書いてあった。

「同罪だとかはどうでもいい。〝よほどのこと〟が起きた以上、親として、娘を犯罪者のそばに置くわけにはいかない。わかったな、若造」

傍聴席の逆サイドを見れば、男の両親が納得の顔を浮かべていた。気持ちは同じなのだろう。

親はあなたの最大の味方だが、ときとして敵にも回るのだ。その動向を無視することなく、親にとって何が〝よほどのこと〟なのかを常に把握しておくことをおすすめしたい。

女・酒・クスリ編❹

不倫が妻と会社にバレた男「50万円と口」でつかんだ実質無罪

※被告人のPROFILE
職業：管理職
年齢：40代半ば
性別：男性
罪名：傷害・暴行

なぜ、40代半ばの管理職は不倫相手に訴えられたのか？

ダークスーツにしま柄のネクタイが似合う40代半ばの被告人は、1年間にわたって妻にバレることなく37歳女性との不倫関係を続けてきた。中堅企業の管理職で、弁護人いわく、「仕事は真面目で幹部や部下の信頼も厚い」という。ガッチリした体格、太い眉、七三に分けた髪。いまどきのイケメンではないが、頼りがいのありそうな外見には大人の風格が漂っている。そんな男が何をしでかしたのか。

不倫相手と楽しむため覚醒剤に手を出したのか。別れ話がもつれてストーカー行為に出たのか。いずれも違う。罪状は傷害罪だ。被告人は不倫相手の腰を蹴るなどし、倒れるとき前額部を引き戸にぶつけて加療3週間のケガを負わせたとして訴えられたのである。

加療3週間のケガというのは、骨折などの重傷ではなく、ぶつけて腫れたとか出血したということだろう。それでも訴えたということは、被告人への怒りや恐怖心が強いことの表れと考えることができる。検察もケガの程度より暴力をふるったことの責任を問う口調だ。

「被告人は被害者に対し、比較的強度な暴行を加え、医者に連れていくなどの対応も怠った。その態度は身勝手で短絡的であり、被害者は厳粛な処罰を求めています」

しかし、引っかかる点がある。被害者は、事件以前からたびたび暴行を受けていたとは言っていない。ケガをするほどの暴行を受けたのは初めてだとすると、すかさず医師に診断書を書いてもらい、警察に訴え出るのはスムーズすぎる感じがするのだ。

不倫関係を解消してでも警察沙汰にしたかったのはなぜだろう。

実はこの事件、被告人が被害者の浮気を疑い、問い詰めているときに起きている。愛人だった被害者が他に男を作った、あるいはそう思い込んだ被告人が激昂して暴力をふるったのだ。単なる傷害事件として処理されているので、被告人の疑惑が本当だったのか、妄想にすぎなかったのかは明らかにされなかったが、暴行を受けた被害者が泣き寝入りせず、被告人に愛想を尽かすだけでなく刑事事件にしてしまったことから推測すると、他に好きな男ができた可能性が高い。

被告人なのに飄々としている

妻子がいるのに愛人を作り、愛人の浮気を疑って暴力沙汰を起こす。刑事事件の被告人になってしまい、家族に不倫がバレる。被害者の浮気が事実だったとしても、どこにも同情できるところがない事件だ。被告人は罪を全面的に認め、現在は保釈中。前科・前歴がないことや被害状況から考えて執行猶予付き判決が出そうだが、人生の岐路に立たされているのは間違いないだろう。

弁護人も厳しい口調で言う。

「被告人は被害者に謝罪し、治療費として50万円を支払いましたが、それで許されるものではありません。今回の後始末は、本人、相手である被害者、妻との間で話し合いを持つなどして、やっていかなければならないですよ」

もっともな意見である。色恋沙汰は当事者間で解決してもらうのが一番だ。

それより、僕には他に気になることがあった。こんな事件を起こしておきながら、被告人にはそれほどしょげかえったところがなく、平常心を保っているように見えるのだ。開き直っているのではなく、反省しつつ今後の人生について前向きに考えているような雰囲気と言えばいいだろうか。

なぜそう思ったのか。傍聴時のメモを読み返すうち、被告人には〝断言と感謝〟をセットにして発言するクセがあることに気がついた。たとえば、「被害者を蹴ったことをどう思うか」と尋ねられたときの答えはこうだ。

「ケガまでさせるなんて、ひどいことをしました。訴えられて当然だと思います。二度とこのようなことをしないと誓わせてくれた被害者には、申し訳ないと思うとともに感謝していま す」

「妻子に言いたいことはあるか」との質問にはこう返す。

「謝って済むことではないと思っています。軽蔑されても仕方がありません。保釈中の私を家に入れてくれただけでもありがたいです」

謝罪のことばを使わずに、反省の意思を伝達

法廷で点数稼ぎのための演技をする被告人は多いが、この男性はそのようには聞こえない。低姿勢な態度で自分の考えを真摯に述べるとともに、さりげなく相手（浮気相手や妻）へのメッセージを加えるところが、どこか憎めない。しばしば法廷で被告人が被害者に語る紋切り型の物言いではなかったことがプラス要素だったのだ。

また、そうした〝トーク技術〟は、直接的な謝罪のことばを使わずに、反省の意思を伝えているところにも表れている。

通常、ほとんどの被告人は最初に「申し訳ありませんでした」と勢いよく頭を下げる。だが、ありふれた常套句は人の心に届きにくく、言い方によっては「謝れば済むと思っている」と受け取られる可能性がある。そうなると「申し訳ありませんでした」の次に何を言うかが大事になるが、うまくつなげないままことばに詰まってしまう人が多い。

平謝りした以上、反論や言い訳は見苦しい。相手から質問を受ける前に具体的な説明を始めるわけにもいかない。早く先をうながしてほしいと思いながら、頭を下げた姿勢でじっとしているか、顔を上げて黙っている。そんな体験を持つビジネスマンは少なくないだろう。

その点、被告人は謝罪という形式にとらわれず、自分なりのことばで気持ちをはっきり表そうとするので、言いたいことが伝わりやすい。これは仕事の場でも参考になると思う。

感謝のことばも同じこと。反省のあとでお礼を述べて話を終えると、空気が重くなりすぎない効果もあるだろうし、感謝する際は相手を見ながらが基本だから、下げた頭を元に戻すきっかけにもなり、相手も声をかけやすくなる。

事件を起こしたにもかかわらず会社をクビになっていない理由はわからないが、もう一度チャンスを与えようという意見が反映されたものだとするなら、被告人の人間力が評価されてのことだと思う。倫理的にどうかと思われる不倫と、犯罪である暴力行為の組み合わせなのだから、普通なら懲戒免職でもおかしくない。

この裁判では被告人の妻が情状証人として出廷した。証人になる時点で、離婚を考えていないとわかる。

「夫は魔が差したのだと思っています。私も子ども中心の生活に追われ、至らぬところがありました。今後は夫とも話し合い、家族全員で生活を立て直したい。会っていただけるなら私も被害者の方のところへうかがって、改めておわびするようにいたします」

判決は懲役1年、執行猶予3年だった。

不倫相手とは縁が切れたものの、仕事も家庭も失わずに収まったのだから上々の結果だろう。職場への復帰も、普通なら居心地の悪い思いをするだろうが、この被告人なら役職を解かれるなどのペナルティーがあったとしても、持ち前の〝断言と感謝〟で飄々と乗り越えていくような気がする。

小事件編❶

エリート税理士が〝猫に熱湯〟自慢した末路

※被告人のPROFILE
職業：税理士
年齢：52歳
性別：男性
罪名：動物愛護法違反

13匹の「虐待動画」をネット上で公開して、お縄

２０１７年12月、ノラ猫をいたぶって殺害したりケガを負わせたりして、動物愛護法違反の疑いで起訴された元税理士（52歳）の初公判。東京地裁前に定員30名ほどの傍聴券を求めて３００人以上が集結したのもすごいが、抽選に外れた人たちが去ろうとせず、公判が終わるのを待っていたのには驚かされた。

大半が女性で、猫をモチーフにしたバッグやアクセサリーを身につけている人も多い。近くで様子をうかがうと、団体で押しかけたのではなく、少人数のグループが主流のようだ。マスコミが注目するような事件では傍聴希望者も殺到するが、抽選に外れればあっという間にいな

くなるのが普通。それなのに、こんなに残っているのはなぜか。聞き耳を立てているうちに、立ち去りがたい心情がわかってきた。

事件の概要はつぎのようなものである。

〈被告人は2016年3月～2017年4月にかけて、わななどで捕獲した猫に熱湯をかけたり、ガスバーナーであぶったりして9匹をショック死させ、4匹にケガをさせた。また、虐待する様子を動画撮影し、インターネット上で公開。虐待を繰り返すうちに虐待に楽しみを覚え、動画をネットで公開することが目的化していた〉

残虐性の高さもさることながら、その様子をネットで公開したことで発覚したのが、この事件の特徴だ。被告人は罪を認めているので争点らしきものはなく、初公判の今日、一気に求刑まで行われる可能性が高い。

しかし、動物愛護法違反の罪は〈懲役2年以下、罰金200万円以下〉。違反といってもさまざまなレベルがあるだろうが、このようなひどい事件が起きることを思うと「軽いな」という印象だ。しかも、被告人は初犯なので、執行猶予付き判決になるのではないかと目されている。

怒っているのは裁判所前の人たちだけではない。事件にショックを受けた全国の愛猫家や、ペットを家族のように愛する人たちはネットで署名を集め、被告人に実刑を与えるよう裁判所に嘆願書を提出した。その数は16万人以上に達したという。SNSがエスカレートさせた犯罪行為に怒った人たちが、SNSを使って結集し、動物虐待犯にプレッシャーをかけているのだ。

なぜ、税理士は犯罪の証拠をネットで公開したのか

ロビーで公判が終わるのを待っていると、さっそく情報が回ってきた。検察の求刑は1年10カ月らしい。いったいどこに、最長の2年から2カ月減らす酌量の余地があるのだ、とそばにいたグループが憤慨している。執行猶予付き判決が下れば被告人が同じ行為を繰り返すのではないか。実刑にならないとなれば、虐待する人間が後を絶たないのではないか。それを防ぐためにも、法律の許す範囲でもっとも厳しい罰を与えるべきなのに、と嘆いていた。

判決は懲役1年10カ月、執行猶予4年（税理士の仕事は廃業）。予想通りの結果といえるが怖さは残る。

被告人は当初、猫殺しについて「害獣駆除だから犯罪ではない」と開き直っていたという。もし、生き物をいたぶって殺すことに快楽を感じていたとしたら、最悪、対象が人間にエスカレートすることだってあるかもしれない。

そういう意味で、僕が気になったのは初公判で結審、次回判決という、この裁判の素早さだった。被告人がもともと持っていたであろう残虐性を、フルに発揮させることになったＳＮＳの魔力について、踏み込んだやり取りが行われなかったのは残念だ。

それにしても、なぜ被告人は虐待している動画を次々にネットにアップしたのだろう。子どもじゃあるまいし、ガスバーナーで猫を焼き殺す動画が犯罪の証拠になることは、少しでも冷静さがあれば気づくはずだ。

被告人が動画をアップしていたのは〝動物虐待家〟が集まるネット掲示板。アップした動画を虐待家たちに絶賛され、次第にエスカレートしていったらしい。ひどい動画を投稿するたびに有名になり、「神」と持ち上げられ、ネット上の〝オーディエンス〟の期待と要望に応えるべく、つぎの獲物を探すようになっていったようだ。

犯罪行為と知りつつ調子に乗った、いや周囲に乗せられたというべきだろうか。いわゆる〝承認欲求〟が満たされるというやつだ。仲間内でこっそりやっていたつもりなのだろうが、これだけの内容をネットで公開すれば、発信元がバレるのは時間の問題。社会人にもなって、どうしてそんなことに気づけないのかと誰もが首をかしげるに違いない。くだらない自己満足のために犠牲になった猫がふびんだ。

虐待犯を「神」とあがめたネット住人は一目散に逃げた

でも、読者は「ＳＮＳではしゃいだことはない」と言い切れるだろうか。

ＳＮＳへの書き込みで「問題化」するのは、政治経済のような大きな話題より、個人的なことが多い。仕事の愚痴を書きつらねる、知人・友人・会社関係者への個人攻撃、などである。こういうことは立場を同じくする人の間で盛り上がりやすいし、話が具体的になればなるほど「さすがだね」「鋭い指摘だね」といったコメントをもらいやすい。悪気はなくても、ついついやらかしてはいないだろうか。

称賛されれば悪い気はしないのが人間だ。フォロワー間ではしゃぐくらいはかまわないだろうという油断もある。が、〝密室〟のつもりでいても、どこからか内容が拡散してしまうのがＳＮＳ。実際は、駅前に立って大声で悪口を言っているに等しいと思ったほうがいい。それが本人にまで伝われば、その人が抱く嫌悪感は〝飲み屋の愚痴〟の比ではないはず。さらに、それまで称賛していた人は応援団になってはくれず、孤立してしまうのがオチ。逆の立場なら、あなたもそうするのではないか。

実際、前出の猫の虐待犯が捕まったとき、それまで「神」とあがめていたネット掲示板の住人たちは、かばうどころか一目散に掲示板から逃げ出したという。顔も名前も知らず、ＳＮＳ

だけでつながった人間関係なんてその程度のものと考えたほうがいい。

とはいえ、ＳＮＳには良い面もたくさんある。一切断つのももったいない。そこで、調子に乗って墓穴を掘らぬよう、僕がＳＮＳで何かを発信する前に実践しているのが〝音読〟だ。

このことばを発信して大丈夫だろうかと迷う書き込みを声に出して言ってみるのである。それだけで想像力が膨らみ、誰かに聞かれても問題ない発言かどうかがわかる。とくに「自慢」「嫉妬」「誰かの発言にカチンときて発する感情的な発言」はかなり防げるので、良かったら試してみてほしい。

小事件編❷

元公務員がなめた苦汁 〝おにぎり35個万引き男〟の真相

※被告人のPROFILE
職業：無職（元公務員）
年齢：43歳
性別：男性
罪名：窃盗

仕事も金もないので万引きしました

刑事裁判で、小さな事件の宝庫といえば「窃盗」である。

窃盗の罪で捕まって裁判を受け、執行猶予付き判決を受けた男が、拘置所を出たその足でコンビニに向かい、缶コーヒー1本を万引きして御用となった事件なんか、税金使って裁判するのがもったいないトホホさだ。僕は傍聴中ずっと、いい年をしたオヤジが、執行猶予が取り消されるリスクがあっても手を出さずにはいられなかった、缶コーヒーの魅力について考えざるを得なかった。

ゲームソフトを盗んで換金しようと思い立ち、埼玉県から東京・秋葉原まで延々歩いたが、専門店で現行犯逮捕された臨時雇用の建設作業員もいた。なぜ秋葉原まで徒歩で向かったのかというと、所持金が2円しかなかったからだ。歩き通す体力を仕事に向ければ、と思わずにはいられない。

こうした小さな事件の中でも強く印象に残っているのが、数年前に東京地裁で傍聴した〝おにぎり35個万引き事件〟である。早朝のコンビニで、店にあるおにぎりをありったけカゴに入れ、そのまま店を出ていこうとして捕まった被告人は43歳無職の男。逮捕時の所持金は147円だった。

「仕事も金もないので、やむなく万引きをしました。悪いことをしている自覚がありましたが、腹が減って仕方がありませんでした。4日間、何も食べずにいて、もう限界だったんです」

だからといって35個（約5000円相当）は明らかにやりすぎだ。

「あまりにも大胆すぎないですか？」

裁判長は、現行犯逮捕されて刑務所に入りたくてわざと目立とうとしたのではないかと疑っているようだが、路上生活中で、盗めるだけ盗んでおこうという気持ちが働いたと被告人は言い張った。

「盗んで、同じように路上生活をしている人に売る考えはなかったんですか？」

「それはないです。やろうとしても取られるだけですから」

被告人は3つの大学を卒業した元公務員だった

住み込みでやっていたとび職や建設現場の仕事を失って以来、路上で数カ月間過ごした被告人は、厳しいサバイバル生活をしていたようだった。弁護人の質問に、失職理由をこう答える。

「高所恐怖症なものですから、とびの親方から使いものにならんと言われまして。工事現場の仕事は、（路上生活のため）睡眠不足で、いつも半分眠っている状態だったために、おまえなんか辞めろとクビになりました」

このようなやり取りから、ビジネスマンの読者は、自分とはかけ離れた世界の話だと思うかもしれない。たしかに、正社員であれ派遣社員であれ、定期収入がきちんとあり、それに見合う仕事のスキルを持っている人なら、おにぎり35個を盗もうとする気持ちなどわからないのが正直なところだろう。傍聴した僕もそうだった。

だが、被告人が3つの大学を卒業した元公務員だと聞いたらどうだろう？

裁判ではどの大学に通ったかまでは明かされなかったが、もともとは役所に勤め、福祉関係の仕事をしていたという。勤務態度は真面目で、手話通訳の能力も備えているというから、やる気のある職員だったと思われる。

そのこともあるのか、裁判では珍しく、弁護人、検察、裁判長が、なんとかして被告人を立ち直らせようと熱いメッセージを送った。

「社会復帰したら、カッコつけずに仕事を探しましょう！」（弁護人）

「やり直せるはずです。どうしても困ったときは、相談に乗りますからきてください」（検察）

「生活が成り立たないからといって、他人の物に手を出さないでいただきたい。わかりますね。私はあなたに期待します」（裁判長）

異様だった。それ以前も、以後も、法曹三者が口をそろえて被告人を励ます場面に出会ったことはない。つまりそれだけ、今回の事件には同情の余地があるのだ。

なぜ、安定した生活から転落したのか？

安定した公務員の生活から、窃盗で捕まる路上生活者へ。そこには、理想と現実のギャップで苦しみ抜いた経緯があった。

被告人が役所で担当していたのは障害者福祉だったが、そこは路上生活者など社会的弱者を食い物にして儲けようとする、法律の穴を狙ったタチの悪い連中が集まる場所でもある。

その一方で、まっとうに生きていても経済的に恵まれず、やむなく生活保護を受けたいと申し出る人が、なんらかの理由で拒まれてしまうこともしょっちゅうだ。いくら個人的に力になりたいと思っても、どうにもならないことが起きる。高い理想を抱き、人の役に立ちたくて公務員になったのに、現実との間には大きなギャップがあり、そのことが被告人を苦しめる結果になった。

ほとほと嫌気が差した被告人は考える。公務員の立場ではできることがほとんどない、と。周囲の人はつい被告人に、公務員を続けつつ問題点を改善すればいいと言いたくなるが、現場で味わった絶望感は大きく、本人は公務員を辞め、直接的にろうあ者の力になるため、フリーランスで手話通訳の仕事を始めた。

ところが、仕事の依頼をしてくるのは（被告人によれば）暴力団関係者ばかり。弱者の味方になるどころか、暴力団関係者がろうあ者からまんまとだましとった金の一部を報酬として受け取る立場になってしまったのだ。

「手話通訳の仕事はみんな暴力団がらみなんですか。違うでしょう？」

「いえ、ほとんどそうです。いくら手当を出しても、儲けるのは悪い連中ばかりなんです」

裁判長が常識的な意見を言っても一歩も引かず、「現実はそうなんだ」の一点張りである。組織に守られることのないフリーランスの身では悪い連中を追い払うことさえできず、悪人の片棒をかつぐことになってしまう。そんな自分の仕事の状況に、被告人はまたしても耐えられなくなってしまう。

悪い連中に利用されていても収入を得て、食べていかねばならない。そのような、割り切った考え方ができない被告人は、せっかくの技能を封印することを決意。高所恐怖症なのにとび職に就こうとするなど、だんだんやけになっていく。

被告人の「自分を曲げない生き方」が人の心を動かした

被告人は心の優しい〝いい人〟なのだ。だからこそ悩み、うまく立ち回れず、矛盾だらけの世の中で生き方を見失ってしまった。たどりついた選択が、小さな窃盗事件とはいえ、自らも犯罪者となることだったのは皮肉なことだ。〝いい人〟でありながら〝したたか〟ならいいのだが、それは両立しにくい。

でも、被告人の「自分を曲げない生き方」は人の心を動かす。

論告時、検察は「路上生活の揚げ句犯行に及んでおり、おにぎり35個という数は、飢えをしのぐためだけとは考えにくい」などと型通りの責め文句を連ねたが、口調はおざなりで、1年6カ月の求刑を告げる際も、ルールだから仕方がないんだという雰囲気を隠そうとしなかった。弁護人も同じだった。「ぜひ執行猶予付き判決をお願いします」と言う表情には、もし執行猶予が付かなかったらただじゃおかない、という気迫がみなぎっていた。それを受け、裁判長は、執行猶予付き判決を前提に、今後の身の振り方を案じるのだった。

判決は求刑通りの懲役1年6カ月、執行猶予3年。

「福祉関係の仕事をして困っている人の役に立つ、高い志をあなたは持っている。今後、どうするつもりでいますか」

「横浜に知人がいますのでそこへ行き、生活保護の申請をして……。先々は暴力団関係に関わりを持たずに、手話通訳の仕事ができるよう、職場を見つけたいと思います」

最後になってようやく、前向きなことばが出たと思ったら、裁判長が身を乗り出し、声をかける。

「あなたは絶対に、いいですか、絶対に、二度と罪を犯してはなりませんよ。あなたはたくさん学び、社会のために働いてきました。いったん挫折し、法を犯してしまったけれど、まだ十分、人生を立て直せるはずです。わかりましたね」

小事件編③

手取り17万円……「ヤバい副業」の伏線は中国人妻だった

※被告人のPROFILE
職業：自動車部品メーカー社員
年齢：40代後半
性別：男性
罪名：商標法違反

40代後半 真面目な会社員「ヤバい副業」で逮捕

商標法違反の初公判があったので法廷（東京地方裁判所）へ行ってみると、ビジネスマン風の男性が被告人席に座っていた（裁判時に40代後半であることがわかった）。白シャツにネクタイ、地味なパンツに革靴。表情は不安げで、心ここにあらずな感じから、保釈中かつ初犯と目星をつける。

特許庁によれば、商標とは、事業者が自己（自社）の取り扱う商品・サービスを他人（他社）のものと区別するために使用するマーク（識別標識）のことだ。

〈私たちは、商品を購入したりサービスを利用したりするとき、企業のマークや商品・サービスのネーミングである「商標」を一つの目印として選んでいます。そして、事業者が営業努力によって商品やサービスに対する消費者の信用を積み重ねることにより、商標に「信頼がおける」「安心して買える」といったブランドイメージがついていきます。このような、商品やサービスに付ける「マーク」や「ネーミング」を財産として守るのが「商標権」という知的財産権です〉（特許庁のウェブサイトより抜粋）

となれば、事件内容は察しがつく。商標法違反の多くは、パロディー商品の製作や偽ブランド品の販売だからだ。ではこの男、具体的に何をやらかしたのか。

検察「被告人はフランスの○○の携帯ケースの類似品など偽ブランド品３４３点を所持し、一部を販売するなどして商標権を侵害し、現行犯逮捕されたものである」

被告人は共犯者である中国人の妻の里帰りに同行した際、偽ブランド品をいくつか購入。これをネットで販売したら儲かる副業になるのではと考え、その後、夫婦で１年間に５回も中国への仕入れ旅行を行ったという。

手取り24万円　うち7万円を元妻へ〝送金〟する理由

商品はネットオークションに出品し、160万円以上の売り上げがあったが、偽物販売に目を光らせるブランド側が告発し、あえなく御用となった。商品を自宅に保管し自ら発送、代金も回収業者から自分の口座に振り込ませているなど、いかにも素人っぽい手口だった。

被告人は、「軽い気持ちで手を出したら意外に売れ、小遣い稼ぎになると思った」と弁明したが、年間5回も仕入れに出かけているところから、完全に調子に乗っていたことがうかがえる。

弁護人は、「仕入れ代が1回10万円で計50万円、渡航費用が夫婦で1回12万円計60万円、約250点売れたので発送費が15万円ほどかかっている」と、規模の小ささを強調したものの、すでに元は取れ、残った343点の売り上げは、ほとんど儲けになる計算。

妻はひんぱんに実家に帰ることができるし、発覚しなければやり続けていたと被告人も認める。犯罪だという認識はあったものの、偽ブランド品はノベルティ商品として安く売られており、購入者も偽物とわかって買っているのだからいいだろうとタカをくっていたようだ。弁護人が、被告人に問いかける。

弁「動機は金だったんですよね。あなたは自動車部品のメーカーで約30年働いてきたそうですが、給料はいくらになりますか」
被「手取りで24万円くらいでした」
弁「そこから、前妻と子ども2人などが住む家の住宅ローン7万円、自分の妻と住むマンションの家賃6万円を支払い、残る11万円を生活費としていた。それでは苦しいということで、今回の犯罪を思いついたわけですね」
そうだったのか。事情はさておき数字だけを見れば、手取り収入24万円のうち、7万円を離婚した元妻へ毎月持っていかれるのはつらい。残り17万円で家族を養っていかなくてはならない。給料は変わらないのだから、重くのしかかる住宅ローン分を副業でカバーしたいと考えるのは自然なことだろう。

小遣い稼ぎをしたいと偽ブランド副業に手を染める

転職もままならず、独立はリスクが大きい。ならば、会社を辞める選択ではなく、給料で足りない分は知恵と工夫で稼いでみよう。趣味を活かしたり、ニッチな需要のある分野を探したりして副業をするなら、何らかの事情で会社を辞めなければならなくなったときの〝保険〟にもなる。

また、本業が別にある安心感で、将来やりたいことに備え、小遣いを稼ぎながら経験値を上げることも可能。さまざまな理由で副業を持つ人が増え、それを勧めるハウツー書も出ている。だからといって犯罪に手を染めるなんてあり得ない。被告人は何を考えているんだ。読者はそう思うに違いない。でも、チケットの転売ビジネスなど、犯罪行為といっても、売る側と買う側の双方とも罪の意識が低いケースはある。被告人も、最初は自分のために偽ブランド品を買ったのだが、使わないものを売ったらいくらかでも里帰り費用の足しになると思い、実際売れたためにその気になってしまったのだ。

社則で副業が禁じられているけれど、バレなければいいだろう。ネットでやっている分には問題ないだろう。そうだ、バレるはずがないよ……。すべて仮定の話だ。この副業はどうだろう、スレスレかなと思うようなときは、発覚したらどうなるかを想像してから「やる、やらない」を決めたほうがいい。

実直な勤め人だったのに、つい調子に乗ったばかりに犯罪者になってしまった被告人。すべての信用も職も失ったのかと思ったら、そうではなかった。証人として出廷した雇用会社の社長が言う。

「被告人とは30年もの間、苦楽をともにしてきました。どんな男かもよく知っています。金銭に関する相談を受けたことがなく、最近は私生活に関することも詳しくは知りませんでしたが立ち直ってもらいたい。彼の家族とも話をし、皆で頑張っていくとのことでしたので、今回のことで会社を辞めてもらおうとは思っていません」

被告人は初犯で、反省もしている。執行猶予付き判決になるのは確実だが、すでに40代後半で、仕事を失えば大変な思いをする。社長にしてみれば、それがわかっていて首を切るなんてできないということだろう。

雇用を続けることは更生にも直結する。前科はついてしまったが、仕事は運良く続けていける。被告人は根っからの悪党じゃない。温情派の社長に対する感謝を忘れず、今後犯罪に手を染めることはないと思う。まあ、だからといって給料が上がるとも思えないが、奥さんが働きに出ることで収入アップは見込めるはずだ。

でもこれは、小さな会社だからできたことでもある。大企業ならどうだったか。僕が見てきた裁判では、逮捕され、罪を認めた時点で一発退場。懲戒免職になるケースがほとんどだった。犯罪でなくても、わずかな副収入を得るために、社則を破ったとして社内での立場が悪くなれば本末転倒である。そこに注意するのは当然だが、たとえ社則でOKだとしても黙っているのが賢明だ。間違っても、酒席などで「そこそこ儲かっている」などと自慢してはならない。解禁される動きのある副業だが、これを快く思わない幹部社員はいくらでもいる。給料以外でも稼いでいると思われたらどんな仕打ちが待っているかわからないのだ。

情欲編❶

躊躇なく女性の胸を触る男の恐るべき思考

※被告人のPROFILE
職業：独身アルバイター
年齢：39歳
性別：男性
罪名：強制わいせつ

女性の胸をもんだ39歳独身アルバイターの19日前の「前歴」

東京地方裁判所でふらりと入った強制わいせつ事件の初公判。傍聴席に座って間もなく、手錠をはめられた男性の被告人が入廷してきた。裁判長が本名、住所、本籍、職業を確認。プライバシーを守るため、被害者女性の実名は出さないように要請してから、検察による冒頭陳述に移った。

「被告人は○月○日午前1時過ぎ、通行中のAさん（被害者）に後ろから抱きついて胸をもみ、さらにAさんを追いかけ、背後から両腕を抱え込んで再び抱きつこうとした。大声で叫ぶと口を押さえようとしたので、Aさんは必死で逃げた」（主旨）

被告人は39歳のアルバイターで独身。「前歴」が一度あり、その事件も強制わいせつだったという。なお「前科」は逮捕されて有罪判決を受けた場合につくもので、「前歴」は逮捕されたが起訴されなかった場合につくものだ。

弁護人は、全面的に罪を認めて争わないこと、Aさんに対する謝罪文を書いていること、示談が成立していること、証人として出廷こそしないものの、被告人の両親が嘆願書を提出し、社会復帰後は監督する旨を誓っていることを述べた。

裁判において被害者側との示談が成立している点は大きく、執行猶予付き判決になることは間違いない。深夜の路上で背後から抱きつくなんて最低の行為だが、興味をひく要素はなく、この段階で数人の傍聴人が席を立った。

僕がそうしなかったのは、弁護人からの被告人質問で、前歴の内容が明かされたからである。なんとこの被告人、今回の事件を起こす19日前に路上で女性の胸を触っていたのだ。速攻で謝罪して示談に持ち込み、起訴は免れたが、すぐにまたやらかして御用になったのである。全然抑えが効かない。常習犯だって、しばらくはおとなしくするものだろう。

いったいなぜ、性懲りもなくやらかしてしまったのか。被告人の言い分はこうだった。

「あの日はうれしいことがあり、一人で飲みに行った後でした。店を出てコンビニに寄ったとき、女性2人組を見かけ、そのなかのひとり（被害者）が好みのタイプでした。コンビニを出てラーメン屋に行く途中、その女性がひとりで暗い道に向かって歩いていたので、胸を触りたくなってしまい、背後から近づいて両胸を鷲掴みしたのです」

最初はうまくいかず、さらに追いかけて胸を触ったという。「どうしても」の気持ちがにじむ、欲望と直結した行動だ。検察は、チャンスがあれば下半身も触ろうと思ったのではないかと追及したが、それは断固否定。何度も「鷲掴みした」と繰り返し、あくまで胸を狙った犯行であることを強調した。

交際彼女と会えず、「つい女性を求めてしまいました」

検察と被告人のやり取りを再現しよう。
検「起訴猶予になったばかりなのに、なぜまたやろうと思ったのか？」
被「（前回の事件後）付き合っていた彼女としばらく会っていなくて（距離を置かれていた）、つい女性を求めてしまいました」
検「前回、３日間留置場に入っていましたよね」
被「はい。後悔と申し訳ない気持ちでいっぱいでしたが、自分の弱さから理性が働かず、またやってしまいました」

今度こそ立ち直るために、社会復帰したら実家に戻り、両親監視の下で暮らすと決意を述べる被告人。疑わしそうに見る検察にこう言った。

被「無期限で外飲みをやめるつもりです。家で飲んで危ないと思ったら、親に頼んで外出を控えます。家で飲んだら外出しません！」

判決は求刑通りの懲役1年6カ月で、執行猶予3年付き。予想の範囲内で決着したのだが、どうもスッキリしない。被告人は素直に罪を認め、示談も成立。東京を引き払って実家に戻るとまで言っているが、まったく信用できないと感じてしまうのだ。

親に頼りすぎているからだろうか。違う。親が監督役を務める被告人はいくらでもいるし、示談金を出してくれたほどだから見放されてもいない。性犯罪を立て続けに犯したといっても、病的なまでの常習性は感じられず、立ち直れる可能性はあると思う。それなのに、そのことばには説得力を感じられなかった。

同じ失敗を繰り返すことは誰にでもある。読者諸氏の仕事でもあるはずだ。そのとき「つぎは大丈夫だろう」と思われる人であれば、成果を積み重ねることで、やがてミスが帳消しになる。しかし、「また失敗しかねない」と思われれば、ミスを挽回するチャンスはやってこず、干されてしまう。

「この男は〝またやる〟と確信した」2つの理由

では、周囲の人は何を根拠に「信用できる」「信用できない」を判断するのか。この事件から考えてみたい。

被告人に対して、僕が「また失敗しかねない」と感じた理由は、(1)罪についての分析の浅さ、(2)決意表明した内容の中途半端さである。

(1) 罪についての分析の浅さ

事件の動機について、被告人は付き合っていた彼女に距離を置かれたストレスに、外飲みが加わり、後先を考えずに胸を触ってしまったと悔やんでみせた。だが、考えるべき点は他にもあるのだ。

公判で被告人は飲みに出かけた理由を「あの日はうれしいことがあった」と述べている。じつはこの日、前歴となった事件で自宅待機中だった勤め先の上司から、復帰をにおわせる連絡が入ったという。交際相手からは冷たくされていたけれど、会社は被告人の反省ぶりを信じ、チャンスを与えようとしていたのである。つまり被告人は、人生でもっともおとなしくしていなければならないとき、目先の欲望に負けて、信用してくれた会社や上司を裏切ったことになる。

抑止効果があったかもしれないのに、欲望のまま行動したらどうなるのかという想像力が働かなかったなら、それこそが問題だ。想像力が働いていたのにやってしまったのだとしたら「捕まらなければいい」と思っていたことになり、さらにタチが悪い。

この事実は検察によって語られたことだ。公判で被告人は上司から連絡があったことに一切触れなかった。自己分析ができなければ、また過ちを犯す可能性が高くなる。

(2) 決意表明した内容の中途半端さ

現時点で被告人はアルコール依存症ではない。また、シラフのときに女性を襲ったことはない。ここから導き出される再犯防止の答えは「酒をやめる」ことである。都会での生活を捨てて実家に戻るなら、禁酒宣言して覚悟を示すべきだった。性欲に関してももっと真剣に考え、現実的な手段で自分と戦う姿勢を見せてほしかった。

それなのに被告人は「外飲みをやめる」だけで済まそうとしている。家で飲めば、外で飲むときのように女性を見かけてムラムラする機会がなくなると言いたいのだろうが、飲んで気が大きくなって外へ出かければ同じこと。「コンビニまで買い物に行くだけだ」と言い張る息子を親が止めるとは思えない。

また女性の胸を触って捕まったら被告人は「親が止めてくれるものと思っていた」と責任転嫁するのではないか。抑えの効かない自分を「病気かもしれない」と疑う発言が出なかったことも、認識の甘さをうかがわせる。

僕の考え方は意地が悪いのかもしれない。もちろん、被告人には立ち直れる可能性があるし、そうなることを願う。しかし、ミスを重ねた人を見る周囲の目はどうしても厳しくなりがちだ。厳しい視線を、あたたかく見守る視線に変えるためには、ミスの原因を精査し、適切な対策をとることが大切になる。

それでもまた失敗することがあるだろう。そうしたら、また精査と対策をし直せばいい。実力不足を思い知らされることはあっても、ミスを進歩に結びつけることができれば、信用はなんとかキープしていける。

上司や同僚がサジを投げるのは、失敗の多い社員ではない。失敗から何も学ばない社員なのだ。

情欲編❷

仕事一筋の課長が性器露出した理由

～居場所もはけ口もない40代の臨界点

※被告人のPROFILE
職業：営業マン
年齢：40代
性別：男性
罪名：公然わいせつ（性器露出）

堅物な仕事人間ほど「落とし穴」にハマりやすい

「（捕まってから）警察の方から連絡があり、信じられない思いで事件のことを聞きました。夫が大きなストレスを抱えていることは、まったく知りませんでした。私がもっと早く気づいていれば、今回のようなことは起きなかったかもしれません」

情状証人として出廷した被告人の妻が、事件について尋ねられたとき、右記のように答えるシーンを幾度も目にしてきた。これに続くことばも大体決まっていて、次のようなものだ。

「私にも至らぬ点があったと反省しております。二度と事件を起こさないよう、今後は夫婦の会話を増やし、お互いの状況を伝え合うようにします。離婚は考えていません」

結婚後、最大のピンチを夫婦の協力で乗り切ってみせるという誓いだが、この中で注目したいのは、被告人が感じていたストレスを、もっとも身近な家族が知らなかったことである。

家庭の不和や子育てのときもあるが、被告人が理由として挙げるのは、圧倒的に仕事上のストレス。きついノルマ、残業の多さ、パワハラ、面倒な人間関係などが原因となり、精神的・肉体的に追いつめられた末、なかばヤケ気味に犯罪に走ったのだという。

ストレス系事件の代表格は、覚醒剤使用、性犯罪（おもに痴漢や性器露出）、暴行（酔っ払ってのケンカ）、万引きなど。初犯なら執行猶予付き判決になるものが多い。そのため、被告人サイドとしては、過度なストレスさえなければ事件は起きなかったということにして、執行猶予を確実なものにしたいわけだ。

もちろん、被告人の言うことをすべて信じるわけにはいかない。本当は欲望のおもむくままにやったのに、ストレス過多を言い訳に使う輩が大多数だろう。だが、中には積もり積もったストレスで精神状態が不安定になり、魔が差したように犯罪行為に走ってしまう、そんなタイプの被告人も存在する。

中堅企業の40代課長が電車内で女子高校生に性器露出

印象深かったのは、かれこれ10年以上前に傍聴した公然わいせつ事件。電車内で女子高校生に露出した性器を見せた罪で捕まった40代ビジネスマンだ。

中堅企業の課長職で子どもが一人。帰宅はいつも終電近く、忙しいだけではなく、組織内の人間関係に悩み、思うような結果が出せないことに苦しんでいた。典型的な仕事人間で、これといった趣味はない。家庭内では家族から冷たくされ、妻からは一緒に寝ることを拒否され、孤独感は募るばかりだったそうだ。

そうしたフラストレーションが積み重なり、とうとう臨界点を突破。「電車の中で性器を出すことでしか発散できなかった」と被告人が涙ながらに語った。表情は憔悴しきっており、短期間で相当痩せたのではないかと思われた。

僕は最初、よりによって露出かとあきれた。が、そこにも被告人なりの理由があったらしい。本人の証言を信じれば、公然わいせつ行為に及んだのはこのときが初めてで、痴漢することも考えたくらいに欲求不満が溜まっていたようだ。でも、理性がかろうじて勝ち、ならばということで露出を選んだという。

「その二者択一はどうなんだ、五十歩百歩じゃないか」という意見はあるだろう。まったく同感である。

しかし、追い詰められた被告人は、他のストレス解消法を思いつけなかったと真顔で言うのだった。なぜなら被告人は人生で一度も風俗店などに行ったことがなく、酒も飲まないため、歓楽街は怖いところだと思い込んでいたからだ。そういう店へ行くと必ずボラれると思い込んでいたので、自分の乏しい小遣いでは間に合わないだろうと。また、妻以外の女性と付き合った経験もないので、女性とどう接したらいいかわからず、セックスすればみじめな気持ちになるだけだと決めつけてもいた。

ガマンを重ねていたが、家と職場の往復で、他に人間関係を持たず、悩みを相談する相手もいない。スポーツとは縁遠く、映画や音楽に親しむこともない。休みの日は家にいると煙たがられるので外出するが、行くところがない。そんなとき、思いついてしまったのである。

痴漢なら金もかからずスリルも満点じゃないか……。

でも行動に移す度胸はなく、相手に直接触れない性器露出で手を打つことにしたのだ。

女子高生にキャーッと騒がれることで「俺、生きてる」

それにしても、と思わずにいられなかった。被告人が小心で真面目な社会人であることは、妻の証言からも、被告人質問の受け答えからもはっきりと伝わってくる。性器露出して警察に突き出されたらどうなるか、わからないはずがない。恥ずかしいだけでは済まないのだ。会社はクビになるし、離婚も覚悟しなければならないだろう。

リスクの大きさに対し、得られるものはほんの一時の快楽のみ。たとえ捕まらなかったところで、仕事がうまくいくわけでもなければ家庭不和が解消されるわけでもない。繰り返すが、性的満足を得るだけなら法律の許す範囲で可能なのだ。

にもかかわらずリスキーな方法をとったのはなぜなのか。はっきり口にこそしなかったが、断片的に語られた内容を総合するとこうなる。

「生きている実感が欲しかった……」

女子高生に性器を見せ、キャーッと騒がれることが〝俺、生きてるぜ〟となるのかは疑問だけれど、少なくとも被告人にとってはそうだったのだ。

会社では仕事だけ、友人はなく、知人さえ乏しい。家でも居場所がない。そんな人生はもう嫌だ。変装して女をおびえさせ、ショックを与える。駅に近づいたところで性器を見せ、サッと電車を降りればいい。その場さえ逃げ切れば、身元はばれないだろう。真面目一本の自分が、別の顔を持つのだ。スリル満点じゃないか。想像しただけで興奮する。大丈夫だ、一度だけやってみよう……。

結果、あえなく捕まってしまったが、うまくいったとしても、味をしめた被告人は露出を繰り返し、いずれ捕まる運命だっただろう。むしろレイプ事件などにエスカレートする前に捕まってよかった。

仕事熱心で愛妻家なサラリーマンが幸せとは限らない

極端な例なので、自分とは関係ない、そんなバカなことするはずがないと思う読者もいるだろう。だが、これに限らず、堅物で仕事一筋の人間が事件を起こすことは少なくない。共通項は、会社と家庭を取ったら何も残らないような、無趣味で単調な生活をしていることだ。仕事抜き、家庭抜きの人間関係がないため、仕事がうまくいかないとか、家庭がギクシャクすると、一気にピンチに陥ってしまう。

若いうちはそれでもいいだろう。真面目であることは信用にもつながりやすい。面白みはないかもしれないが、浮気せず家庭を大事にしそうだと、結婚を意識し始めた女性に好感を抱かれて、それなりにモテる。結婚し、人の親になる頃には仕事も忙しく、充実感たっぷり。そのまま順調に歳を重ねていく人もたくさんいる。

ただ、裁判傍聴をしていると、そうでない人もいることがわかる。

真面目で、仕事熱心で、愛妻家であれば幸せになっていいはずなのに、そうなっていないケースがけっこうある。そんなとき、いつも思う。仕事と家庭以外にひとつでいいから好きな遊びがあれば、それを通じて仲間ができたり、ストレスからの逃げ場になったりしただろうに、と。もし、読者の中に自分にはこれといって夢中になれる遊びがないという既婚者がいたら黄信号。何か探し始めることを勧めたい。

そんなことはわかっているが見つからないという人は、〝ちょっと興味がある〟という心の動きに鈍感になっていそうだ。興味はあるが面倒くさい、いまじゃなくてもいい、たぶんハマらないからやめておこう。そんなふうに考えてしまうのだと思う。

そこで、自分なりのルールを作るのはどうだろう。

わかりやすいのは時間と予算。たとえば、〈週末限定＋1万円以内〉という条件をクリアするものは、あれこれ考えずトライすると決めておく。あとは条件を満たす〝ちょっと興味がある〟が出てきたとき、出かけていくだけでいい。そして、手応えを感じたら愚直に継続していく。

大丈夫、根が真面目なあなたは、決めたことをコツコツ続けることが得意なはずだから。

情欲編③

無差別に女性の着衣を切り裂く50男の闇

※被告人のPROFILE
職業：営業マン
年齢：50代
性別：男性
罪名：暴行

ビジネスマンとして積み上げた地位や収入、信用が水の泡

前項で書いたように、窃盗や性犯罪、傷害事件、薬物関係の裁判で、動機を尋ねられた会社勤めの被告人が、仕事のストレスを理由に挙げるケースは多い。

●残業続きで疲労が溜まって正常な判断ができなくなっていた
●上司や部下との人間関係に悩んでいた
●異動で慣れない仕事を任されプレッシャーに押しつぶされた

酔ってクダを巻く程度ならまだしも、ビジネスマンとして積み上げてきた地位や収入、世間の信用が水の泡になるリスクを冒してまでやることとは思えない。だが、損得勘定で割り切れないから事件になるのだ。

ストレス解消法なら、カラオケで歌ったり、飲み屋へ行ったり、友人とバカ話したり、旅行に出かけるといった方法もありそうなものだ。しかし考えてみてほしい。一人カラオケは楽しいか？　いや楽しい面もあるだろうけど、それは練習の成果を披露する場（宴会や仲間と出かけるカラオケ）があればこそではないだろうか。ひとり酒をじっくり楽しむには、心と財布の余裕が必要だ。友人がいなかったらバカ話の相手はいない。旅行も成立しにくい。それらを凌駕するような長年続く趣味があれば、そもそもそこまでストレスは溜まっていない。

不満や疲労のはけ口がない、孤独で暗い心情のせいで目先の快楽を追うことになり、どうなってもいいというヤケクソな気持ちを生み、結果的に第三者の目から見ると割に合わない犯罪行為に走るのではないだろうか。

なぜ50代営業マンはカッターで若い女性の臀部を切りつけたか

裁判傍聴を始めた２００１年当時から今日まで、これらの事件は後を絶たず、〝ストレスを言い訳にビジネスマンが引き起こす犯罪〟は、もはやひとつのジャンルとして定着していると僕は思っている。

特徴は、いくら事情を聴いても、いまひとつ納得できないことだ。

裁判を傍聴するとき、僕は被告人の立場で、自分だったらどうしたかと考えるのが常。時と場合によっては、自分も同じ犯罪行為をしたかもしれないと思うことさえある。しかし、犯罪によるストレス解消にはそれがなく、疑問だらけのまま判決を聞くことになりがちだ。

たとえばこんな事件。傍聴したのは5年ほど前で、被告人は50代の営業マン（裁判時は無職）。容疑はカッターナイフで服の上から若い女性の臀部を切りつけたというもの。賠償金15万円を払ったものの、女性の憤りは収まらず被害届を出されて御用となった。

余罪もたくさんあり、ストレス解消のために約50人の着衣をカッターナイフで切りつけてきたという。思いつきの犯行ではなく、常習者といっていいレベルだろう。被告人によれば、いつもは服（ダウンジャケットの裾の部分など）だけを狙うのだが、このときはパンツのみ切るつもりだった。ところが、勢い余ってお尻の肉まで切りつけてしまい、ヒリヒリすると感じた被害者が手で触ると血がついていたため発覚したという。性犯罪ではないけれど、被害者が女性ばかりであるところからもそれに近い匂いを感じた。

それなのに、被告人はあくまでもストレスが原因だと言い張る。切りつけを始めたきっかけ

郵便はがき

おそれいりますが
63円切手を
お貼りください。

1028641

東京都千代田区平河町2-16-1
平河町森タワー13階

プレジデント社
書籍編集部 行

フリガナ		生年（西暦）　　　年	
氏　　名		男・女	歳
住　　所	〒 TEL　　　（　　　）		
メールアドレス			
職業または 学校名			

ご記入いただいた個人情報につきましては、アンケート集計、事務連絡や弊社サービスに関するお知らせに利用させていただきます。法令に基づく場合を除き、ご本人の同意を得ることなく他に利用または提供することはありません。個人情報の開示・訂正・削除等についてはお客様相談窓口までお問い合わせください。以上にご同意の上、ご送付ください。
<お客様相談窓口>経営企画本部 TEL03-3237-3731
株式会社プレジデント社　個人情報保護管理者　経営企画本部長

この度はご購読ありがとうございます。アンケートにご協力ください。

本のタイトル

●ご購入のきっかけは何ですか?(○をお付けください。複数回答可)

1 タイトル　2 著者　3 内容・テーマ　4 帯のコピー
5 デザイン　6 人の勧め　7 インターネット
8 新聞・雑誌の広告（紙・誌名　）
9 新聞・雑誌の書評や記事（紙・誌名　）
10 その他(　)

●本書を購入した書店をお教えください。

書店名／　（所在地　）

●本書のご感想やご意見をお聞かせください。

●最近面白かった本、あるいは座右の一冊があればお教えください。

●今後お読みになりたいテーマや著者など、自由にお書きください。

どうもありがとうございました。

を、このように説明するのだ。

「仕事はイベントや催事での販売でしたが、デパートでの催事を任され、商品の選定や現場での忙しさが半端でない上に売り上げのプレッシャーが重なっていきました。自分で何でもしなくちゃいけないので、その点がきつかったです。ストレス解消？　そうですね。ドキドキ感がありますんで、それを味わいたくて繰り返してしまいました」

被害者が、悔しがったり怖がったりするのを想像する陰湿な楽しみ

発覚しないためのテクニックも使っている。薄着になり、切ってすぐ発覚する可能性が高い夏場は避け、厚着になる冬場を狙って集中的に活動するのだ。お尻を狙ったのは、被告人いわく「人を傷つけちゃいけない」からだそうだが、どの口が言う。後ろから追い抜きざまに狙えて周囲から目立ちにくい場所だからに違いない。

「傷つけたのは初めてです。ずるいようですが、見つからないように切るのが目的で、うまくいくと楽しかった。今回は、自動改札機を抜けたところで切りましたが、（被害者が）急に止まったのでぶつかるような形になり、深く切ってしまった」

あとから気づいた被害者が、悔しがったり怖がったりするのを想像して楽しむ。それがスト

レスのキツイ職場で働く被告人の慰めになっていたのだ。澱んだ欲望が垣間見える、暗い犯罪である。本人もそこは承知しているらしく、卑劣な犯行であると認め、違う趣味を見つけるべきだったと反省した。

「50歳をすぎて、こんなばかげたことばかり繰り返し、申し訳ないと思っています。一人で悩むより、ちゃんと精神科へ行こうと思っています」

検察の尋問により被告の「本性」が現れた

これだけなら、欲望の処理法を誤った男としてすぐ忘れてしまったかもしれない。だが、検察の尋問で様相は一変する。

「あなた、相手は誰でも良くて、ただ切って楽しんでたふうなこと言ってますけど、被害者を駅前の広場で見つけてついていってますよね」

防犯カメラに、被告人が被害者の後を追う映像がバッチリ写っているという。だとすれば、被告人は切る相手を物色していたことになるが、どうやらそれだけではなかったらしく、こんなことを言い出した。

「あのときは酔っ払ってまして、誰かナンパしようかなとうろうろしていました。(被害者が)

酔って歩いていたので、声をかけようと思いましたが、タイミングがなかったものですから、様子をうかがううち、（誘っても）無理だろうと……。で、あきらめて切ることにしました」

無理ありすぎだ。ナンパと切ることはぜんぜん違うではないか。ナンパを試みて失敗する男など、週末の都会にはいくらでもいるだろう。でも、腹いせにカッターナイフでお尻を切るなんて聞いたことがない。欲望の方向が違うからだ。

被告人は酒好きで、休日前夜は繁華街で一人飲みをするという。独身だから彼女が欲しい。周囲のカップルがうらやましい。酔った女を飲みに誘って、あわよくば自分もうまくやりたいと思う。そこまでは、よくあることだろう。

でも、酒で気が大きくなっても、被告人には度胸も自信もなく、事件のときも結局、声すらかけずに後をついて回るだけだった。そして、カッターナイフを手にするとがぜん大胆になり、迷うことなく切っている。

衣服やバッグを傷つける行為という歪んだストレス発散法

検察の見立てはこうだ。被告人はナンパ目的で酔った女性を物色していたのではなく、最初から切る目的で、好みの相手を探していた。気づかれてはならないことや、自己の欲望を刺激するターゲットとして、酒に酔った派手めな女性に狙いをつけ、衣服やバッグを傷つける行為を繰り返していたのである。

振られた腹いせでもなく、リア充への嫉妬心からでもなく、若い女性を安全に痛めつけたい。そういうストレスの発散法なのだ。

被告人には、女性の部屋に忍び込んで暴力をふるい捕まった前科がある。そこを重くみる検察は、再犯の恐れが高く、つぎは性犯罪を引き起こしかねないと強調して尋問を終えた。求刑は1年。判決には執行猶予が付いた。

再犯を防ぐ方法として被告人が口にしたのは、何か他の趣味を持つこと。健全な楽しみがあれば、自分は女性の尻など切らないと言いたげだった。性癖ではないと言いたいのだろうが、僕は仕事のストレスを減らすことこそが再犯防止の近道だと思う。仕事でイライラが生じ、発散すべく酒を飲み、気が大きくなってカッターを持ち歩くというサイクルなのだから、入り口である仕事のところをなんとかしないとどうにもならないだろう。

趣味は万能ではない。まして50を過ぎた男が新しい趣味を見つけることはたやすくない。これ、被告人だけの問題ではないと思う。仕事をすれば多かれ少なかれストレスはついて回るものだ。カンペキな人なんていそうでいない。頼もしさ満点の上司だって、楽しげに見える同僚だって、仕事やプライベートのどこかに問題を抱えているものだ。

異動あり、転勤あり、転職あり。定年世代までの道程は長い。それを自覚した上で、ストレスを許容範囲内に収め、日常生活を回していく。仕事の能力も大事だが、セルフコントロールに長けていることも、パンクせずにビジネスマン生活をまっとうするために欠かせないことではないだろうか。

情欲編❹

〝忖度夫婦〟だから専業主婦は援交に走った

※被告人のPROFILE
職業：専業主婦
年齢：30代
性別：女性
罪名：売春

堅実で美人な専業主婦が売春で捕まるまで

2017年になって、悪い意味で一般的になったことば「忖度」。「他人の気持ちを推し量ること」という意味で、森友・加計学園問題を巡り官僚が政治家の気持ちを推し量りすぎたため〝流行語〟になった。

これが政治ではなくビジネス社会の話になると、上司や同僚、取引先担当者の心の動きをキャッチして先を読んで行動することは、ビジネスマンにとって必要な能力でもあり、うまく発揮できれば〝気遣いができる〟とか〝配慮が行き届いている〟といった評価につながることもある。

でも、気が利くのは良いけれど気を回しすぎるのは良くないと言われ、また気遣ってばかりいると大事なことを見落としてしまうとも言われる。というように、「忖度」の運用は案外難易度の高いものなのだ。そこで、数年前に東京地裁で傍聴した事件を紹介しつつ、忖度の落とし穴について考えてみよう。

罪状は、売春防止法違反。被告人の女性が路上で声をかけた男が刑事だったことから、あえなく現行犯逮捕された事件である。捕まった側にしてみれば、ついてなかったと思っても不思議じゃないケースだが、「今の気持ちはどうか」と弁護人に尋ねられた被告人は、「捕まってホッとした」と答えた。

被告人は風俗店などの組織に属さない30代の主婦で、スリムな美人。出会い系サイトなどで相手を探しては、援助交際という形の売春行為を重ねていたという。具体的な期間や回数は明かされなかったが、少なくとも数カ月間、月に数回のペースで売春したらしい。

捕まった日は、たまたま約束した相手が現れず、やむなく道行く人から適当な男を選んで声をかけたそうだ。それが刑事だったのは素人らしいミスといえるかもしれないが、どうにも違和感がある。

路上で見ず知らずの男を誘うのはリスキーだし度胸もいる。しかも時間帯は夕刻。〝プロ〟ならいざ知らず、素人の主婦売春でそこまでする理由は何か。そこには、なんとも理解しがたい忖度しすぎな夫婦関係があったのだ。

夫はある企業の中堅社員で、被告人は売春に手を出す以前は専業主婦として不自由なく暮らしていた。夫の性格は優しくて真面目。被告人も同様の性格で、どちらかといえばおとなしい部類。きちんと家事をこなし、堅実に貯蓄に励み、順調な人生だと感じていた。子どもはいないが、ケンカすらほとんどしたことがない仲良し夫婦だった。

解雇されたが「妻を不安にさせたくない」という忖度

しかし、転換期が訪れる。

夫がリストラされてしまったのだ。そして、妻を不安にさせたくなかった夫はそのことを言いそびれてしまう。自分にはそれなりのキャリアもあるし、間を置かず転職先が決まるだろう。妻には仕事が決まってから事情を説明すればいい。そう考えた夫は、何食わぬ顔でこれまでどおりの生活を続けることにした。これが夫婦間の最初の忖度だ。

朝はいつもと同じ時間に家を出て職探し。夜は定時退社を装って早めに帰宅することもあれば、残業した体で遅く帰ることもある。ときにはひとりで一杯やって、同僚と楽しく過ごしたフリもした。給料が振り込まれないことについては経理上の混乱など適当にごまかしていた。

　だが、被告人は初期の段階で夫が職を失ったことに気づいていた。そして思う。あの人が隠そうとしていることを自分から暴き立てるわけにはいかない。そんなことをしたら夫のプライドは傷ついてしまうだろう。転職活動がうまくいくのを待とうと決め、気づいていない演技をするのだ。これが夫婦間の2つめの忖度になる。

　仕事はなかなか決まらなかった。給料が入らないから、貯金を切り崩して生活費に充てるしかないが、それに関して一言も尋ねてこないのを見て、夫は妻が失業のことを察していると確信する。普通なら、ここらですべてを打ち明けるべき場面だろう。

「出会い系サイトの援交なら夫にバレずに稼げる」

　ところが、そうはならない。夫は妻の気遣いに感謝はするのだが、知らないふりをしてくれているのだから、自分も気づかない演技を続行しようと考えるのである。3つめの忖度だ。

「いってくるよ」と毎朝出かけていく夫。行き先は公園、ハローワーク、安いカフェ。

「いってらっしゃい、気をつけて」と笑顔で見送り、ため息をつく妻。

　どんどんおかしなことになっていくのを、ふたりとも止められない。偽りの生活が1年に達する頃には、通帳の残高も心もとなくなり、このままでは立ち行かなくなることが目に見えてきた。妻は、夫も精いっぱい頑張っているのだから、ここは自分が内助の功を発揮する番だと決心する。これが4つめの忖度となる。

大事なのは専業主婦という形態を崩さずに、ある程度の金を稼ぐことと、夫の転職が決まったらすぐやめられること。もちろん働いていることがバレてはならない。この条件を満たす仕事は何か。

「出会い系サイトの援交なら短時間で稼げそうだと知り、やってみることにしました」

風俗店で働こうとしなかったのは、時間の拘束を受けるし、なんとなく怖そうなイメージがあったから。夫のことを大切に思いながら、カラダを売ることには抵抗がなかった。被告人にとっては、夫以外の男に抱かれることより、波風を立てずに生活していくことのほうが優先順位は高かったのである。

そんなことより「夫婦間でちゃんと話し合え」と言いたいが、まだ先がある。妻が副収入を得て家計を支え始めたことに夫が気づくのだ。ところが、どういうことか何の仕事をしているか確かめようとはしなかった。この5つめの忖度により妻は逮捕されることになる。裁判時の夫の証言はこうだ。

「短時間でそれなりの高収入を得ていることから、水商売、あるいは風俗店ではないかと推察しました。気にはなりましたが、無職の私を支えるためにそこまで尽くしてくれているのかと。実際、妻の稼ぎで助かっていることもあり、妻が何をしていようと原因は私にあると思い黙っていました。そして私は、一日も早く転職を実現させることで妻の愛情に報いなければならないと、あせる気持ちで職探しを……」

それは違う、と傍聴人のすべてが心の中で叫んだと思う。今すぐ妻にリストラされた事実を打ち明け、妻がしている仕事をやめるように伝えるべきなのだ。

なぜ妻は「捕まってホッとした」と証言したのか

結果、妻は逮捕されたわけだが、もし刑事に声をかけなければ、真実を打ち明けないまま、夫婦の〝忖度合戦〟はどこまでも継続していただろう。だからこそ被告人は、「捕まってホッとした」と証言した。

なんて悲しい安堵感だろう。結婚する前から本音でぶつかりあうことを避けてきた結果、トラブルに正面から向き合うことができず、夫婦関係に波風を立てないことが目的となる。ふたりの取った行動は、いつかは破綻すると知りながら、力を合わせて苦難に立ち向かうことを最初からあきらめた態度にも思えた。

相手の気持ちを推し量っているうちに、現実から目をそらすことに慣れてしまう。こうしたことは我々の身の回りでしょっちゅう起きていることでもあるだろう。いましている忖度は客観的に見ておかしくないか、立ち止まって考える余裕を持ちたい。

ちなみに、被告人の夫はなぜこんなことになったのか、最後までわかっていないようだった。いまどうしているかと裁判長に尋ねられ、次のように答えたのだ。

「まだ無職です。なかなか条件に合う仕事がなくて……」

あんたがいまやるべきことは、ぜいたく言わずに職を見つけて、奥さんにいらぬ忖度をさせない環境を整えることなんだよ！

執行猶予付き判決を受けた妻が、本格的に風俗店で働き始める日は遠くない。そう思った傍聴人は僕だけではなかったに違いない。

被告人を助ける人々編❶

所持金2円……スロットで万札溶かした男の弁護人の情熱

※被告人のPROFILE
職業：建設現場労働者
年齢：23歳
性別：男性
罪名：万引き

退屈な法廷の空気を一変させた弁護人の「弁論」

たくさんの裁判を傍聴すれば、被告人だけではなく、弁護人も数多く見ることになる。裁判では検察は原告、弁護人は被告の代理人。両者の違いは、弁護人のそばには被告人がいることだ。そのため、ときとして被告人と弁護人は共に戦うチームメイトのような一体感をかもしだす場合がある。

これ、事件の大小とは関係がない。映画やドラマのように、有能な弁護人の奮闘によって無罪判決が下される場面に遭遇することはまれだし、そういう事件には実績のあるベテラン弁護人がつくものだ。彼らベテランの弁論は練りに練られたスキのないもので聞きごたえ十分。いかにもプロの仕事人という感じで、うまくハマったときは裁判員や傍聴人の心を動かし、法廷全体が揺れるような感動を巻き起こす力を持っている。

もっとも、前述のようにほとんどは、被告人が有罪を認めるか、無理のある否認をするかである。そのため、検察の冒頭陳述から弁護人の最終弁論まで、淡々と流れて判決に至る。弁護人にできることといえば、執行猶予に持ち込むか、刑期を少しでも短くするかくらいだ。

けれど、そういう平凡な裁判の中にも、ときにはグッとくる裁判がある。いまでも忘れられないのは、10年近く前に見たこんな裁判だ。

窃盗などの前歴3件を持つ23歳の男が起こした万引き事件だった。4年前に家出をし、マンガ喫茶で寝泊まりした後、建設現場で働いていた被告人は、事件当日、全財産の2万円を持って都心に向かった。所持金で服を買い、スロットで溶かし、気づけば財布の中にはたった2円しか残っていない。これでは電車にも乗れないので、万引きでピンチをしのごうと、秋葉原でゲームソフト4本（1万6420円相当）の防犯タグを外し、手提げ袋に入れて店外へ持ち出そうとしたところを、不審に思った警備員に見とがめられ、御用となった。

小さな事件である。罪も認め、有罪は確実。争点もないので、裁判長は「即決裁判手続で行います」と早々に宣言を出した。初公判で一気に判決まで行くという意味だ。すでに結論は出ていて、判決文まで仕上がっているのである。裁判長、検察、弁護人にとってはルーティンワークの極み。力の入れようがない。見せ場もなさそうなので、傍聴人もあらかた出ていってしまった。

しかし、おそらく30代前半の若い弁護人だけは張り切っていた。

「○○君（被告人）は家出してから家族と会ったことはあるのですか」

「ありました。弟とケンカして親父になじられて出たのですが、おばあちゃんには会いに行ったことがあります」

「おばあちゃんに、今回の事件のことは知らせた？」

「知らせていません。心配かけるし、高齢だから証人に呼ぶのもかわいそうだから」

なぜ弁護人は何度も拘置所に足を運び、被告人に面会したのか

親しみをもたせる狙いか、弁護人は被告人を君づけで呼びながら質問を繰り出す。実家から家出した事情をていねいに聞き出し、中学卒業後、実家の建築業を4年間手伝って、基礎的なスキルがあることを確認した。裁判長も検察も一切興味のなさそうな話だが、予定時間が1時間あるし、検察の尋問はすぐ終わるだろうから放っておく構えだ。

「無職ということですが、事件のときは建築会社の寮に住み込みで働いていたんですよね」

「そうです。親方にはけっこうかわいがってもらっていて。申し訳ない気持ちです」

「うんうん、そうだよね。万引きは、あってはならないことだからね。それで、荷物はどうしましたか」

「まだ寮にあります」

弁護人は会社の社長にも会ってきて、荷物がキープされていることを確認していた。部屋はそのままで、判決次第では、再雇用も考えているらしい。この事件は執行猶予付き判決になることが濃厚だから、そうなったときの仕事のあてがあると言いたいのだ。また、高齢のおばあちゃんについて語らせたのは、情状証人がきていないことの理由付けをするためだろう。

他にもわかったことがある。この裁判のために、弁護人は何度も拘置所に足を運び、被告人との面会をしてきたというのだ。被告人の表情から、弁護人を信頼していることが見て取れた。質問と答えのテンポも息が合っている。

犯行内容が平凡で、傍聴人もあまりいない事件。弁護人がさっさと終わらせようとすれば判決まで30分もかからないだろうが、時間をギリギリまで使い、被告人の事情や反省ぶりをていねいに積み重ねていく。弁護人のテンションは高いけれど、それは自分のパフォーマンスに酔ってのことではなく、全力で仕事に取り組む姿勢から生じたものだ。その熱が、23歳の若い被告人にも伝わり、バカなことをしたという後悔と、なんとか立ち直りたいという前向きな気持ちを、うまくことばにして引き出している。

「社会に戻ったら、二度と万引きなどしないようにしたい。家族にも会いに行き、親に謝りたい」

裁判長・検察も弁護人の〝仕事〟を認めた

ありふれた反省の弁が、血の通った心からのことばに聞こえてくるのだ。なかなかやるな、この弁護人。そう思ったのは僕だけではなかった。検察は尋問そっちのけで、諭すように語りかける。

「いいかい。人のものに手を出すってことは悪いことなの。寮に戻ったとき、頭を下げて雇ってもらう覚悟はできているの？」

裁判長もこの雰囲気に同調した。

「誰もあなたを刑務所に入れたくてここに立たせているんじゃないですよ」

そして、僕がそれまで聞いたことのないことばまで飛び出す。

「弁護人も一所懸命にあなたを心配していますよ」

大きくうなずき、被告人にほほ笑みかける弁護人。うーん、グッジョブ！

被告人に血の通った生きたことばをしゃべらせるための弁論

判決は求刑通りの1年に、3年間の執行猶予が付いた。弁護人が頑張らなくても結果は同じだろうが、被告人が前向きな気持ちで判決を聞いたことは、再犯防止の効果が大きいだろう。裁判長の評価も高かったはずだ。弁護人が拘置所に通い、被告人と気持ちを通じ合わせたことは、すべてこのためだったのだ。

この若い弁護人は、金にならず、やりがいもないため、大御所が見向きもしないような事件でも、経験を積むために国選弁護人を引き受けたのだろう。仕事の少ない若手が頑張るのは当たり前の話だ。地味な仕事に手を抜かないのは立派だが、やろうと思えば誰でもできる。社会人が求められるのは結果であって、失敗したけど努力したから許されるのは、心優しい上司や同僚に恵まれた人だけだろう。

僕がこの弁護人を見ていて感心したのは、たいした役割を与えられず、目立った活躍はできないとわかったとき、それでも自分のためになる仕事をしようとしたように思えたからである。わかりきっている判決の軽減を狙うのではなく、弁護のテクニックを披露するのでもなく、被告人に生きたことばをしゃべらせるための弁論を組み立てていた。

たまたま、この日は検察と裁判長がそれを認めて反応したが、うまくいかないこともあっただろう。でも、とうとううまくいった。成功経験は何よりの栄養となるので、次回以降の弁論にも活きてくる。

ビジネスシーンでも、似たようなことはあると思う。チャンスはいきなりやってはこない。簡単な仕事Aを与えられたとき、ただこなすのではなく、ひと味加えて仕上げる。と、それより少し難易度の高い仕事Bを命じられ、またひと味加える。いい意味で予想を裏切るのだ。

人の目は節穴じゃないので、誰かが気づく。評価はそうやって一歩ずつ高まり、ある地点に到達し、チャレンジングな仕事Cを成功させたとき固まるのではないか。

20代前歴者を雇い、住居も与えた社長の〝腹〟

※被告人のPROFILE
職業：会社員
年齢：20代
性別：男性
罪名：住居侵入・窃盗

住居侵入・窃盗事件の犯人は隣家のビジネスマンだった

東京地方裁判所のある霞が関のビルには、高裁（高等裁判所）と簡裁（簡易裁判所）も入っている。今回取り上げるのは、簡裁で傍聴した住居侵入・窃盗事件だ。

簡裁は軽微な刑事・民事事件しか扱わないので、多くの場合、あっさり進行する。この日の事件も、被告人が保釈中であることから全面的に罪を認めていると思われた。

被告人は20代の会社員。事件当時勤めていた会社は辞めているが、現在は別の会社で働いているという。裁判長の「現在は無職ですか？」という問いに答えたものだが、事実なら、現在の雇用主は被告人が逮捕され、裁判を控えているのを承知の上で雇ったことになる。どういう経緯でそうなったのか、興味深い。

検察の冒頭陳述で明かされた事件の概要は次のようなものだ。

金に困っていた被告人は実家の隣の家に侵入し、居間などを物色して現金17万円を窃盗。玄関に鍵がかかっておらず家主も不在だと知った上で、金があったら盗むつもりで侵入したらしい。その金は生活費、飲み代、ゲームソフト代などで使い切った。

これについて被告人は、酔っ払って実家に戻ったとき、間違えて隣家のドアノブをまわしたら開いた、と計画性のなさを主張。真相はわからないが、その後の行動は〝味を占めた〟という言い方がふさわしい。

1カ月後、今度は自宅マンション（7階）の隣室が不在のときを狙って、ベランダの仕切り壁を乗り越えて掃き出し窓から侵入したのだ。電気はつけず、スマホのライトを使って物色し、バッグに入っていた1万7000円を盗む。その後、ベランダから部屋に戻り、発覚を恐れてタオルで手すりを拭いたが、対面するマンションの住人が、被告人が部屋に侵入するところを目撃して110番通報した。

盗む意思で侵入しているくせに、結果的に指紋などの証拠を残すずさんな犯行。しかも、侵入するところを見られていたり隣の家だったりといかにも素人くさい手口である。

目撃者が複数いたこと、目撃状況を再現して確認できたこと、前の事件でも容疑者とされていたことなどから逮捕につながった。前科こそないが、被告人には前歴が多数。窃盗も含まれている。侵入した隣の家には女性が暮らしており、身近な男が部屋に忍び込むという恐怖を与えた罪も重い。

腕利きの弁護人のおかげで示談が成立?

これに対して弁護人は、被告人が素直に罪を認めて反省しているとした上で、2件の被害者に謝罪の手紙を書き、示談が成立していること、すでに20万円と5万円の示談金が支払われていること、最初の事件の被害者から寛大な処分を希望する旨の文書が提出されていることを挙げた。

こうした事件では、被害者との示談が成立せず、厳しい処罰を求められることが多い。そこを素早くクリアするとは、この弁護人なかなかの腕だと思った。

執行猶予は、有罪判決を受けた者に一定期間の猶予を与え、その間に新たな犯罪を犯さなければ刑の効力が失われる制度。社会の中で生活しながら更生できるのだから、塀の中で暮らす実刑とは大きな差がある。示談の成立や被害者の赦しは、そのために有利に働くのだ。

だが、再犯の可能性が低いから執行猶予を付けた、という形にしたい裁判所が気にする点は他にもある。住む家があるのか、仕事（収入）はどうするのか、被告人を監督する親族などのサポートはあるのか、などだ。執行猶予付き判決をテッパンにするために、この弁護人、どんな手を打ってくるのか。

なぜ「社長」は前歴のある20代の更生を手伝うのか

登場したのは、わが子を心配し、泣きながら裁判官に情状酌量を求める親、ではなかった。弁護人は、誰も予想しなかった〝スーパー証人〟を連れてきたのだ。現在、被告人を雇い、住居も与える雇用主（社長）である。

弁護人はまず、被告人が事件を起こす半年ほど前まで証人の経営する会社に勤務し、退職後に他社で働いていたときに事件を起こし、現在はその会社で再雇用していると明かした。証人が言う。

「辞めてからも連絡を取り、電話だけではなく一、二度会って、戻ってこないかと誘いましたが、当時はやりたいことをしたいと乗ってきませんでした。やりたいこととは、専門的な鍛冶屋の仕事だと聞いていました」

プロの職人としてやっていきたいと被告人は語ったが、何か様子がおかしく、隠していることがあるのではないかと証人は疑った。事実、被告人が盗みを働いていた時期と重なっているが、証人が感じたのは被告人の荒れた気持ちだ。

「被告人は、(私の) せがれの同級生の友人で、昔から知っています。逮捕は、ウチで働いている (被告人の) 兄弟から聞きました。夫婦仲が悪く、離婚もして子どもにも会えず、自暴自棄になっていたことが原因のひとつだったようですが、私としては近所の顔見知りの人から盗ったのがショックでした」

なるほど、そういう縁もあって更生を手伝おうと思い、再雇用を決めたのか。犯罪者を雇うことに消極的な経営者が多い中、たいしたものだと思ったが、話はそれで終わらない。証人は仕事の面倒を見るだけではなく、すべての不安材料を自分が引き受ける心づもりなのである。

「更生のために必要なのはつぎのことだと考えます。一所懸命に仕事をやること。規則正しい生活を送ること。当たり前のことをちゃんとすること。約束を守ること。小さな子どももいるんで、恥じないように生きてほしい」

これらを満たすため、証人が実行していることは再雇用以外にもある。

- 被告人を自宅に住まわせ、食事も提供
- 養育費や借金の返済など、金銭管理を行っている (保釈金も保証人が立て替えた)

裁判所が危惧する、社会復帰後の仕事、住居、生活の管理や監督を証人が受け持っているのだ。がっちりとした体形、無骨だけど歯切れのいい受け答え。それらすべてが頼もしく見えてくる。

兄弟も雇っているのだから、搾取するような腹黒さはないだろう。

「いまは100％こちらで管理していますが、私は手助けをしているだけです。家には半年でも1年でもいてくれてかまいませんが、今後自立するためにも滞納した家賃などをまず返し、その上で貯金もして、社会人として出直してほしい」

自宅に住まわせて面倒を見る……。自分にできるかと問われたら尻込みする。いまは反省しているとしても、またやるんじゃないかと信用しきれないと思う。でも証人はやるのだ。見返りはない。器のでっかい人である。僕は証人の人を信じる心に感嘆した。

求刑は2年だったが、執行猶予は確実だろう。

「一服していくか」「そうっすね」

さらに続きがある。1階に下り、ロビーで傍聴メモを整理していると、証人と被告人が肩を並べて歩いてきたのだ。何か話しながら、一緒に開廷表を見ている。その姿は、まるで親子のようだ。被告人も法廷の緊張感がとけたのか、なごやかな顔に変わっていた。

本物だ。証人の中には、頼まれて仕方なく被告人にとって有利になる話をする人もいると思うが、ふたりの関係はそうじゃない。証人は世知辛い社会の防波堤となり、被告人を守ろうとするだろう。

こんな社長はめったにいないのではないだろうか。小さな会社だから面倒見がいいのではない。ちょっとでも問題を起こせばクビ、まして犯罪者の雇用などとんでもないと考える企業が大多数だろう。おそらく被告人は、自分がどれほど幸運か、よくわかっていないと思う。

「一服していくか」

「そうっすね」

仲良く喫煙所へ向かうふたりに、僕は心の中で声をかけた。社長には〝いいもの見せていただきました〟、そして被告人には〝あとはアンタ次第だ。ぜひともこのツキを自分のものにして立ち直ってくれ〟と。

被告人を助ける人々編❸

なぜ〝口を割らない社員〟を会社は最後まで守るのか

※被告人のPROFILE
職業：会社員
年齢：50代
性別：男性
罪名：大麻取締法違反等

「即日判決」の裁判には思いがけないドラマがある

裁判所には正月明けの1月前半、年度切り替えの3月末から4月前半、8月のお盆前後など、年に何度か公判数が激減する時期がある。なかでも独特の雰囲気なのは年末。大きな事件はわずかになり、窃盗などの小事件がずらりと並ぶ。不法滞在や薬物などで捕まった外国人の裁判も多い。全面的に罪を認めたものについては即日判決（初公判の日に一気に結審し、判決まで行うこと）になることもめずらしくない。

他の事情もあるのだろうが、僕にはこれがクリスマスや正月をシャバで迎えるための、裁判所なりの配慮に思える。執行猶予付きの判決になることが確実な被告人に、年明けまで持ち越さず判決を下せば、拘置所で寂しいクリスマスや正月を迎えなくて済むからだ。
裁判所にとっても、新たな年を迎える前に一定数の判決を下すのは、意味のあることだろう。
僕は、被告人にとっても裁判所にとってもハッピーといえる即日判決を聞くのが好きだ。

大麻35g、LSD1.8㎖を持っていた50代の会社員

2018年12月某日に傍聴した大麻取締法違反等の裁判も、初犯+罪を認める+復帰後の仕事を確保、の要素を満たし、執行猶予付き判決が濃厚。即日判決もありそうだと期待した。保釈中の被告人は50代の男性。どういう経緯で捕まったのかと身を乗り出すと、これが大胆なのである。

被告人は密売人から購入した大麻を2種類の小物入れにいれ、社用車の助手席ポケットに放り込んでいたのだという。その量、35グラム超。紙巻きタバコ1本分の葉の量は0.7グラム程度とされるので、単純計算で50本分以上になる。しかも、他に液体のLSD1.8ミリリットルも所持していた。LSDは微量で効くので、これもまた相当の量である。検察によれば、20〜30回分にあたるそうだ。

発覚したのは、警ら中の警察官が、駐車場で被告人が車の中で着替えをしているのを見て不

審に思い職質したため。小物入れに気づいた警察官が中身を確認したところ、大麻だったというわけだ。被告人は最初、ハーブだとごまかそうとしたようだが、すぐに大麻だと認めている。科捜研で鑑定し、本物と断定された。

なぜ、勤務先は保釈金を負担し雇用を続けると証言したのか

取り調べで、被告人は大麻やＬＳＤの使用歴が30年にもなると明かしているから、大ベテランと言っていい。40歳ころからは2カ月に一度のペースで購入し、上野や秋葉原の路上で週に一度は吸っていたそうだ。理由は同居している母親に見つかりたくないから。大胆だなあ。臭うだろ大麻。

今回所持していた大麻は、逮捕される1カ月前に40グラム買ったものの一部。昔は10グラムずつ買っていたが、使用量が増えたためまとめ買いするようになり、数年前からＬＳＤも購入。大麻の常用性も認め、母に心配をかける結果になったと後悔の気持ちを述べた。覚醒剤ではなく大麻やＬＳＤだったのは、本などで覚醒剤の危険性を知っていたからだったという。

被告人に前科はなく、素直に罪を認めていることから執行猶予が付くだろう。所持量が多いこと以外に、目を引くような点もない。よくある薬物関連の事件だが、めったにないことが2

つある。

(1) 勤務先の上司が証人として出廷し、今後も雇用を続けると明言した。保釈金も雇用先が負担

(2) 取り調べでも裁判でも、部分的な黙秘を貫いている

30年の大麻常習者をクビにしない理由

(1)について、上司は、被告人は勤務態度が真面目かつ有能で、クライアントの信用も厚いことから、執行猶予付き判決の場合は雇用を続け、被告人を支えていくと断言。具体的には宣誓書を書いてもらう、日報や電話で勤務状態を把握する程度のことだが、会社全体で更生をサポートする態勢ができているという。

「会社では今回の事件のことを秘密にせず、社員すべてが知っております」

内々にせず、全員で見守る。それが被告人にとって最大の励みにもプレッシャーにもなるという考え方なのである。逮捕された時点で解雇する企業が多い中、被告人に寄り添う対応と言っていい。素晴らしすぎて、何か被告人をかばう理由があるのではないかと疑いたくなるほどだ。

個人的意見だが、僕は所持していたのが大麻とLSDだったからだと思う。覚醒剤なら周囲

の見る目は格段に厳しくなるだろう。大麻は日本でこそ禁止されているけれど、海外では合法的に吸えるところも増えている。

ただ、30年も前から吸っているとなると面白半分で吸ってみたという言い訳は通じない。被告人、大麻が大好きなのだ。それでもクビにしないということは、仕事においてよほどのやり手なのだろうか。それとも、大麻に寛容な社風なのだろうか。

「誰からどこで購入したか」については黙秘を貫く

それ以上に妄想を掻き立てられたのは、(2)の黙秘権の使用だった。裁判では初公判の冒頭、裁判長が必ず、黙秘する権利があることを被告人に告げる。以下のような内容だ。

「被告人は審理の中でさまざまな質問を受けますが、質問に答えたくなければ黙っていることができます。また、答えたい質問には答え、答えたくない質問には答えないこともでき、それによって被告人に不利が生じることはありません。ただし、法廷でしゃべったことは、それが被告人にとって有利なことであれ、不利なことであれ、すべて証拠として採用されますから、その点を考慮して話してください」

この権利が小さな事件で使われることは少ない。関係者の実名を伏せる被告人をときどき見かける程度だ。しかし、この被告人は警察での取り調べ段階から一貫して、誰からどこで購入したか明かしていないのだ。公判でもその姿勢は変わらない。

「(路上では)1回に紙巻きタバコ状にして、3本くらい吸っていたのですね」

「はいそうです。昔は10グラムずつ買っていましたが、だんだん増えてしまいました」

「上野や秋葉原の路上で吸っていたと。購入もそこで?」

「それは……黙秘させていただいております」

検察の脅しにも屈しなかった被告人

表情を変えずサラッと権利を行使する被告人。今度は検察が軽い脅しをかけてきた。

「あなたが買った相手には捜査の手が及んでいない。購入先を言えず、それでいて薬物をやめますと言われて、信じてもらえると思いますか」

しかし、被告人はここでも踏ん張る。

「私にはわかりません」

断固拒否。あぁ、これは言わないなと傍聴人にもわかる。

検察が言うように、買った相手を捕まえないと同種の事件は後を絶たない。再犯の可能性が高いとも思われる。なのに、かたくなに拒否するのはなぜだろう。闇組織からの報復を恐れてのことなのか。イモづる式に関係者に捜査の手が伸びるのを防ぐためか。それとも、もっとヤバイ薬物を買っていたのか。実刑にはならないと計算し、シャバに出たら再び密売人と接触するのでは……。

黙秘するのは、口にすることで失うものが大きいため、と考えるのが一般的だ。傍聴人の僕でさえ、たちどころにいくつか、言いたくない理由を思い浮かべたくらいだから、警察での追及はさぞかし厳しかったに違いない。

有罪判決の被告はなぜ信頼できる男に見えるのか

しかし、見方を変えれば、被告人の一貫した態度は、黙秘という権利をつかった見事なパフォーマンスでもあった。短時間の傍聴にもかかわらず、僕が被告人から得た印象はつぎのようなものだ。

口が堅い。約束を守りそう。意見をコロコロ変えない（ブレない）。言い訳しない。やったことは認め、それについての責任は、前科一犯という形で自分が取る。

大麻を長年使い続けたどうしようもない男、とは思わないのである。逆に、意志の強そうなこの男が、母にも迷惑をかけたと反省している以上、今後は大麻と縁を切るのではないかと期待してしまうのだ。

そして、これらの印象は、ビジネスマンが仕事相手の信用を得る上で欠かせないものばかりだと気づく。会社が被告人をクビにしないのは、そこを見込んでのことではないか、と。

検察の求刑は2年6カ月。5分間の休廷の後、下された判決は求刑通りの2年6カ月、執行猶予4年だった。

被告人を助ける人々編④

再犯率48％〝前科者〟に冷酷な日本に受刑者向け求人誌が誕生

なぜ、日本では刑期を終えて出所した受刑者が更生しにくいのか

容疑者が逮捕され、裁判にかけられる。有罪か、無罪か。有罪ならどれほどの量刑がふさわしいか。法に基づいて決定され、実刑なら刑務所に収監される。事件の大小を問わず流れは一緒だ。そのため、犯罪者を一定期間社会から隔離する罰を与えるのが裁判の目的だと思う人がいるだろう。判決が下されれば一件落着というように。

が、世間の関心が薄れてからも被告人の人生は続く。判決にしたがって刑務所で（執行猶予付き判決の場合は社会生活を続けながら）一定期間過ごした被告人は罪を償ったことになり、社会に戻れるというのが建前上のルールだ。そこからまた人生をやり直すことができる……こ

とになっているが、現実は必ずしもそうではない。

刑務所暮らしはつらい。反省知らずで社会を恨み、出所したらまた悪いことをしてやろうと考える輩《やから》もいるだろうが、多くの受刑者はできることなら更生したいと思って社会に戻る。

2人に1人が立ち直りに失敗している

ところが、家族や友人に温かく迎えられ、順調に仕事を見つけられる人ばかりではない。その気があっても仕事がない。助けてくれる人もいない。罪を償ったはずなのに、元犯罪者のレッテルがいつまでも消えない。社会復帰どころかたちまち追い詰められ、また罪を犯して刑務所に逆戻りする受刑者がたくさんいるのだ。途中でつまずいてしまったら、それで人生終わりとなってていいのだろうか。

そんな考えは生ぬるいと思うだろうか。そんなことでは犯罪は減らないと。でも、それは違う。受刑者の社会復帰が困難だとどうなるか、データが現実を示す。刑法犯の再犯者率は、なんと48・7％（2018（平成30）年版「犯罪白書」）に達しているのだ。

2人に1人が立ち直りに失敗しているのである。いくらなんでも多すぎだろう。これ、前科者の復帰を許そうとしない社会の空気が、新たな犯罪を生む一因となっているとは言えないだろうか。

サポート体制も貧弱で、保護司（非常勤の国家公務員）の活動はほとんど無報酬。民間組織もボランティアで運営されるところが多い。善意の協力者に頼っているのが現状では、再犯者率の低下は望めない。実際、窃盗などの小さな事件を傍聴すると再犯者の多さにびっくりする。

「これで裁判は終わりますが、刑務所でよく反省し、二度と事件を起こさないようにしてください」

裁判長が言う判決後の決まり文句も虚しく響くばかりだが、やり直す覚悟のある受刑者がいるように、そういう人を積極的に雇い入れようとする企業もある。

受刑者向けの求人誌に書かれた「採用できない罪状」とは

そのマッチングを行うべく2018年に創刊されたのが、受刑者と企業をつなぎ社会復帰を応援する求人誌『Chance!!』（発行・発売元：ヒューマン・コメディ）。発行人の三宅晶子さんによれば、季刊ペースで年間4冊刊行され、当初は苦戦したものの、収支も安定してきたという。最新刊の「2019夏　Vol・6」には26社が求人広告を出しているほか、出所後行き場のない人を受け入れる自立支援施設の情報も掲載されている。

三宅さん自身、若い頃はヤンチャで、中学時代から非行を繰り返し、高校を1年で退学になっている。社会人になって一般企業で働いていたが、人材育成に興味があったことと、生きづらさを抱えた人を支援する仕事をしたい気持ちから、受刑者と雇用主を結びつける仕事を選んだ。

『Ｃｈａｎｃｅ!!』の表紙に毎号書かれるキャッチコピーはこうだ。

〈「絶対にやり直す」という覚悟のある人と、それを応援する企業のための求人誌〉

コラムやインタビューも掲載されているが、目玉はなんといっても企業の求人情報と、応募に必要な履歴書。募集要項に必ずといっていいほど社長の顔写真が載っていることや、「採用できない罪状・病気等」「応募可能残刑年数」の項目があるのが、一般の求人誌との明らかな違いだろうか。応募条件はとても具体的に書かれていて、たとえばこんなふうである。

●採用できない罪状・病気等

〈覚醒剤累犯、泥棒、てんかん〉（建設）

〈半袖を着た状態で刺青・タトゥーが見える位置にある場合〉（飲食）

〈性犯罪・放火・殺人〉（自動車板金塗装）

〈誰でもＯＫ（過去は関係ない）〉（家屋解体業）

●応募可能残刑年数

〈無期懲役でも可能〉（販売・接客）

〈1年まで〉（製造）

〈いつでも応募可（無期刑の場合は、刑が執行されて10～25年経過した方で、釈放の見込みのある方）〉（高級和菓子の開発・販売）

すべての企業が「身元引受ＯＫで寮完備」で、給与は……。

●給与、住居・食事サポート

〈給与：20万～35万円（試用期間あり）、サポート：ひとり部屋（1カ月の家賃＝0円）〉（ファイナンス・不動産・ホテル）

〈給与：歩合給47～50％（普通二種免許あれば月収50万～60万円可能）、サポート：2人部屋（寮費1万円、水道・光熱費込み、キッチン、風呂、トイレ共同）〉（タクシー事業）

〈給与：日給1万2000円～（試用期間あり）、サポート：寮（ひとり部屋、3万円程度～）、自己負担金：水道費・光熱費〉（足場鳶・雑工）

〈給与：アルバイトからスタート（時給950円）、サポート：1年目の寮費＝1カ月3000円、

自立できるまでの間、昼・夜の賄い会社負担〉(お好み焼き・鉄板焼き店経営)

人材を募集するのは建設業がダントツに多いが、飲食や販売・接客業なども掲載されている。地域が全国各地におよんでいるのが特色で、地域密着型の保護司やボランティア団体では扱われない企業の求人情報を、入所している施設内で知り、応募することができる。掲載されている案件はすべてが「身元引受OKで寮完備」だから、当てのない受刑者にとって喉から手の出るほど欲しい住居と収入が出所直後から確保できる仕組みだ。

また、年齢制限を設けていないところや、60代でも受け入れる企業があるのも貴重な点。再犯者率を高める原因に高齢者の犯罪があるからだ。住居も収入もなく、社会との関わりさえなくなったと感じる高齢者には、出所後すぐ、刑務所に戻るために罪を犯す人さえいるのである。

もちろん、好きでそうしているのではない。

入れ墨・指詰め・反社会的勢力との関係の有無を確認される

応募は入所施設で〝就労支援〟を受けた後、『Chance!!』についている専用の履歴書を使って行う。そこには、非行歴・犯行歴、起こした事件の背景・きっかけ、飲酒・喫煙・入れ墨・指詰め・反社会的勢力との関係の有無、被害者との関わり（被害弁償・損害賠償の額など）、再犯の可能性についての考え、再犯しないための決意や具体策など、書き込み欄が多数あって、受刑者が履歴書を書きながら自らの過去を振り返り、企業に経歴や更生ぶりが伝わる工夫が施されている。

そして、やる気を感じた企業は面接にも出向いて本人と会う。創刊からの1年間で34人の内定者が決まったという。まだまだ全国の施設に十分行き渡っていないことを思えば、今後さらに増えていく可能性は高い。

『Ｃｈａｎｃｅ!!』なんて雑誌、見たことないなと思う人がいるのは当然だ。基本的に受刑者向けの求人誌だから、置かれているのは少年院、留置場、拘置所、刑務所内などに限られているからである。

ほとんどの人が、できればこの先も同誌を必要とせずに過ごせたらいいと思っているだろう。けれど、人生は何があるかわからない。万一、自分や友人が罪を犯すことがないとは限らない。もし、あなたの周囲に受刑者がいて、社会復帰の手助けをしたいようなとき、この雑誌の存在を教えてみてはいかがだろうか。チャンスを掴む選択肢は多いほどいいし、罪を償ったあと、人生をやり直す権利は誰にでもあるのだ。

第2章
法廷の人に学ぶ
ビジネスマン処世術

被告人（表情・外見）編❶

男の涙は武器になるか

※STUDY POINT

被告人に、好印象な泣き方を学ぶ

法廷では涙の価値が超低い

裁判でおなじみの場面に、被告人が流す反省の涙がある。

これには2種類あって、ひとつは自然な感情の昂ぶりがもたらす本物の涙、もうひとつが自己演出による偽物の涙だ。演技で泣けるのは役者だけではない。誰でもその気になればできるということを、僕は傍聴を始めてから知った。

その気とは何か？

〝ここは泣くべき〟と判断し、泣くことに前向きになることである。

罪を反省し、二度としないと誓う場面で、被告人はどうすれば本気度を伝えられるかと考える。その、もっとも安直な答えが涙を流すことなのではないかと思わされるほど、証言台で泣き出す被告人は多い。

とくに裁判でのふるまい方に慣れていない初犯者、強制わいせつなどの事件で妻が証人としてきている男、被害者の関係者が傍聴席に詰めかけている裁判で顕著。ことばでは足りない誠意のようなものを泣くことで見せ、印象を良くすることを狙っているように感じる。

責めているのではない。

被告人は真剣そのものだ。問題は、それがほとんどうまくいかないことである。

裁判員裁判を除き、裁判は検察、弁護人、裁判官というプロの手で運営されている。被告人の代理人である弁護人は黙っていても「大いに反省している」と言ってくれる人。一方、検察は泣こうが叫ぼうが「犯行は悪質」と決めてかかっている。涙のターゲットが、判決に直接関わる裁判官であることは誰にでもわかるだろう。

裁判官とはどういう人たちなのか。おそらく冠婚葬祭業者や医者に次いで、涙を見慣れている人たちだ。彼らにとっては、感極まって泣く被告人など見飽きた光景でしかない。泣くのはやめろと注意こそしないが、「やれやれ、また始まったか」という表情からして、1ミリも心を動かされていないのは明らかだ。

つまり、通常の裁判では被告人が、「深く反省しています。申し訳ありませんでした」と首を垂れようと、「深く反省しています。エッ、エッ、申し訳……うぅ……ございませんわぁぁ」と号泣しようと、結果は一緒。考えてみれば当たり前のことで、それしきのパフォーマンスで判決が変わったのでは、なんのために法律があるのかという話になる。

裁判で有効な誠意とは、被害者への弁済金であり、和解書であり、反省文や今後一切連絡しないというような誓約書なのだ。

仕事のポカを帳消しにする「涙」のこぼし方

ビジネスの世界でも、涙は両刃の剣だろう。

「涙は女の武器」と言われもするが、あくまで人によってのことだし、ビジネスシーンでは相手を困らせるだけの結果になりかねない。まして男の涙は「よりによって泣きやがった」と評価が低そうなことから、意地でも泣かないと決めている人が多いと思われる。

しかし、それは本当だろうか。その気になれば泣けるという技術を活かせる場面はないのだろうか。

あると思う。

先ほど、プロの裁判官に涙は通用しないと書いたが、それは裁判官が法律に則って罪を裁く職業だから。一般人が参加して行われる裁判員裁判では少々事情が違ってくるのだ。

裁判員に選ばれた6人は司法のプロではなく、大のオトナが泣く場面にも慣れてはいない。傍聴席にいても、被告人の涙に対してクールな人もいれば、身を乗り出して顔を見つめる人もいるなど反応はさまざま。気持ちのこもった反省の弁＋自然な涙が、裁判の流れを変えることも可能なのではないだろうか。裁判員裁判は、裁判員6人とプロ裁判官3人の計9人で判決を決めるシステム。執行猶予が付くかどうか微妙な裁判で、裁判員の5人以上が「執行猶予を付けてあげたい」と思えば実刑にはならないのである。

では、裁判員は何を基準に量刑を考えるのだろう。法律には詳しくない。一般的な良識だけで裁くのも抵抗がある。そこで加味されるのが被告人の反省度合いではないだろうか。ベタな方法であろうと、大のオトナが大泣きする異様な光景は、それなりのインパクトを見る者に与える。涙を見た瞬間に裁判員が考えることは、被告人が悪い人かどうかではなく、再犯の可能性があるかどうかだと思う。

〝ここまで反省していれば、二度と犯罪行為はしないだろう〟

〝この失敗を今後の人生に活かせるだろう〟

〝刑務所に送るより、一定期間、実社会の中で様子を見たい〟

こんなふうに思えれば、再起に力を貸したいと執行猶予付き判決に傾く人が一定数いるだろう。そう考えると、涙の力は捨てたものじゃない。

それがオヤジの涙でも？　いやいや、涙の似合わないオヤジだからこそ、ここ一番の切り札として使えるのだ。一般的に、いま40代以上の男たちは子どもの頃から「男はメソメソするな」「人前で泣くのは恥ずかしい」としつけられてきているため、大人が人目もはばからず泣く姿には「よほどのことだ」と心を揺さぶられがちなのである。

上司が味方になってくれる泣き方

ビジネス上の失敗でピンチに立たされたとき、アナタの将来を見据え、二度と同じ過ちはしないと考えてくれる上司がいるといないとで、その後の会社員生活が大きく違ってくる場面があるかもしれない。

反省はしている。トラブルの後始末や取引先への詫び入れなどは済ませた。でも、そんなことは誰もがやることだ。いくら叱られてもいいから、ダメ社員のレッテルを貼られることだけは避けたい。小さなミスをほじくられ出世コースからはずれてはたまらない。

わかってくれそうな人情味ある上司はAさんしかいない。さあどうする。土下座は、目上がやるからこそ効果がある。この期に及んで自己ＰＲ？　あり得ない。

そんなときこそ泣くのだ。本気で涙を流し、味方になってもらうのだ。

傍聴席から、泣きまくる被告人を目撃してきた僕が断言しよう。人は泣こうと思えば泣ける。そして、通常泣くことが許されないビジネスマンが、時と場所を選び、シラフで見せる涙には稀少価値がある、と。

ビジネスマン生活最大のピンチを乗り越えるために、心の底から反省し、仕事への情熱を無理にでもたぎらせ、熱い思いを上司にぶつける。交際相手や妻子の顔を想い浮かべるのもいいだろう。使える材料はすべて使い、自分の感情をマックスに持っていくのだ。そのとき、内側からこみ上げてくるものを感じたら、理性で抑え込もうとせず、感情の動きに身を任せるといい。うまく泣けず、顔が赤らむ程度に終わったとしてもかまわない。むしろそのほうが自然かもしれない。あからさまな嘘泣きよりずっといい。

肝心なのは涙が出そうになっていることが相手にわかることだ。人情肌の人にならそれで十分に反省の気持ちは届く。そして、思いのたけをぶつけ終えたら、感情的になってしまったことをすみやかに謝る……。

もちろん、仕事のミスを未然に防ぐことが大事なのは言うまでもないが、いざとなれば泣いてでもピンチをしのいでみせるという心の備えはしておきたい。

忘れてはならないのが、この手が通用するのは一度きりだということだ。繰り返せば涙の価値や相手に与えるインパクトは下がる。それも、劇的に。

二度目の涙を見せたとき、稀少価値は消え失せ、上司は逆に「コイツ、泣き上戸なのか。前回の反省も嘘泣きだったのか」と疑いの目を向けてくる。そうなったら最後、言動すべてが信用を失ってしまうだろう。

犯罪者は執行猶予期間をマジメに暮らせば刑を免除されるが、ビジネスマンの執行猶予期間はその会社にいる限り続くのだ。

被告人（表情・外見）編❷

なぜ「相手の目を見て話す」と大損をするか？

※STUDY POINT

被告人に、人が許す反省顔の作り方を学ぶ

裁判長は被告の目を見ない。表情を凝視する

証言台に立つ被告人の顔を傍聴席からはっきり見ることはできないが、どこを見てしゃべっているか想像はつく。胸を張り、顔が正面を向いているときは裁判長の顔を見ていると思われる。質問されている間は下がり気味になっている目線が、質問に答える番になるとグッと持ち上がるのがわかるからだ。

中には下がりっぱなしの被告人もいるけれど、多くは状況を説明する、反論する、謝罪する、といった重要な場面になると背筋に緊張が走り、顔を上げて答える。

気持ちを伝えるためには目を見て話すのが一番。犯行を否認するなら、裁判長を凝視しなが

ら「やっていません」と言う。そうしないと自信なさげに見え、話の内容を信用してもらえないと弁護人からアドバイスされているかのようだ。

実際、我々は子ども時代から、相手の目を見て答えなさいと指導を受け続けてきた。学校では先生の目を見て受け答えするのが礼儀正しいとされ、親に問い質されるときは「目を見て話せ」と叱り飛ばされ、部活では先輩から「言いたいことがあるならこっちを向いてはっきり言え」とにらみつけられた。

社会人になってもそれは変わらない。

相手の目を見て話すことはビジネスマナーの基本のひとつ。ことわざにも〝目は心の窓〟、〝目は口ほどに物を言う〟とあり、喜怒哀楽の感情は目に表れると考えられている。

たぶんそれは正しいのだろう。被告人は強い視線を裁判官にぶつけることで、自らの発言が真実であることを伝えようと努力するのだ。

その思いは伝わるのだろうか。

裁判官は被告人がどこを見て話そうが、表情を凝視している。真実を述べているか、確信をもって発言しているか、見極めるためである。眠そうだろうと退屈そうだろうと、わき見をする裁判官に出会ったためしがない。裁判員裁判で裁判員に選ばれた一般人6人も、最初はメモ取りに忙しいが、慣れるに従い被告人の表情を観察するようになる。

さて、結果はどうだろう。

残念ながら、否認事件で被告人の主張が認められ、無罪判決になる劇的な展開はめったにないが、深く反省していれば再犯の可能性はないと判断され、量刑の重さや執行猶予の有無で若干のメリットが見込めるかもしれない。

「目を見て話せ」という人のズルい狙いとは？

だから、目を見て話すことが重要なのは間違いないのだが、一般の社会生活においてはその取り扱いに十分注意してほしい。

先生や親、先輩がそう言うのはなぜか。生徒や子ども、後輩の心の内を探りたいからだ。彼らは相手の目つきや表情を情報の宝庫だと考えている。「目を見て話せ」という常套句は、あなたのために使われるのではなく、あなたの話を聞く自分のために発せられる。

いいじゃないか。本音をぶつければわかってくれそうじゃないか。そう思うかもしれない。でも彼らは、法律という厳格な縛りのもとに仕事をし、証拠重視で冷静に事件を考えつつ、被告人の態度や顔つきを参考程度に判決の材料とするプロの裁判官とは違う。目を見たがるのは自分の考えを補強するのが目的で、あなたの真剣なまなざしを見て考えを変えることはめったにないと思ったほうがいい。

たとえば仕事でミスをしたとしよう。

上司に呼びつけられ、説明を求められる。事態が進行中で、いますぐ対応が求められるようなとき、上司にとってはあなたが反省しているかどうかより、どうやってミスをカバーするかが優先課題ではないだろうか。

うまく乗り切ったにせよ、大トラブルに発展したにせよ、目を見てじっくり話せと言われるのは多くの場合、事後処理が終わった後なのだ。

さて、この後始末をどうつけようかと上司は考える。

道は大きく分けて2つ。説教するか、具体的に責任を取らせるかだ。裁判に例えると、〝執行猶予付き判決〟か〝実刑〟かだ。

部下の今後をも左右する重大な決断、いわば〝実刑〟を宣告するとき、なんの考えもなく上司があなたを呼びつけるだろうか。決めるのはヤツの目を見てから、などと思うだろうか。

あり得ない。

結論は出ているのだ。クビ、降格、プロジェクト外しなどの具体的責任を取らせるとなれば、直属の上司の一存で決定できないケースもあり、根回しを済ませた上で結論を伝える場合のほうが多いはず。そんな場面で部下から目を見て話されたところで、上司は部下から「なぜ、かばってくれなかったのか」「責任を自分一人に押し付けるのか」と責められているとしか感じ取れない。いつか手元に呼び戻そうという気さえなくしかねず、うなだれてしょんぼりしているほうがマシだったりする。

上司に説教されたら「目を見てはいけない」

となると、メヂカラ発揮は、上司が説教で終わらせると決めているとき限定の切り札だ。ちなみに実刑なら、上司は短く終わらせたいのですぐ本題に入りたがるか、保身のための言い訳（私は抵抗・反対したのだが、など）を前置きにしがち。そうでなければ執行猶予付き判決と察せられる。裁判なら、思いのたけを裁判官にぶつける被告人の見せ場だが、ビジネスマンは真似しない方が得策だ。上司は訊ねてくるだろう。

「誰のせいでこんなことになったと思うか」

「二度と今回のようなことはしないと誓えるか」

客観的にみて、反省だけを求める、ほとんど意味のない質問である。ここで勇敢に、じつは自分のミスではないとか、仕事のやり方そのものに問題があるとギンギンに目を見て主張してもまともに聞いてはくれない。そんな返事はこれっぽっちも期待していないのだ。

目を見ての直訴が功を奏するのはトラブルが解決した直後のホッとしたひとときであって、上司はすでに終わった件を蒸し返すことを良しとしない。

「せっかく穏便に済ませようとしているのにその攻撃的な目つきは何だ、オレには事態が見えていないとでも言いたいのか？」

生意気なヤツと思われて説教タイムが長くなるだけである。

ことばにはしなくても、自分のせいではないと思っているなら決して目など見ないことだ。わざわざ時間を割いて説教するのは、いかに自分が会社や部下のことを考えているかをアピールしたいがためだし、それが一般的な上司の処世術でもある。

対応策としては、目というより顔全体をぼんやり眺めるくらいが素直に見えて都合がいい。気にしているのは反抗的な態度かどうかだけなので、受け答えは意見を求められるまで「すみませんでした」一本槍がベストな選択。

もちろん、すべての上司がそうではなく、部下を育てるため、あえて説教するタイプもいる。見極めのコツは、ここでも目。こっちを凝視し、熱く語りかけてくる相手は、自分は絶対正しいと過信しがちな要注意上司だ。この手のめんどくさい相手は「目を見て話せ」と挑発してくることもあるが、その手に乗ってはならない。真に受けて強く見返すと「なんだその目つきは」とキレたりする。

きつい時代を生き抜くビジネスマンならば、〝目を見て話せ信仰〟に惑わされることなく、目を見て話してくる相手の本音を見抜く眼力を一日も早く身につけておこう。

被告人（表情・外見）編❸

超模範社員が「夜は別の顔」で懲役30年の厳罰

※STUDY POINT

被告人に、無理のない自己演出の方法を学ぶ

周囲の人の自分評価は「けっこういい加減」

捜査が長引いていた重大事件（殺人やレイプ、誘拐事件など）で犯人が逮捕されたとき、ワイドショーではよく〝近所の住人〟や〝職場の同僚〟が登場し、マイクに向かって興奮気味にコメントする。

「信じられません。あんな大それた事をする人には見えませんでした」

「挨拶する程度でしたが、感じのいい人でした」

「努力家で仕事熱心な、若手のホープ的存在でした」

驚きを隠せない、というのが相場のようになっているが、リポーターが怪しいところはなかったのかと突っ込むと、歩調を合わせるように意見が変わったりする。

「そういえば、ときどき部屋から怒鳴り声のようなものが聞こえたかしら」

「ゴミの分別がでたらめでしたね。見かねてやり直したことがあります」

「仕事はできたけど、冷たいというか、周囲に心を開かない男でしたね」

どれも嘘ではないだろう。でも、犯人の人柄や性格がそれでわかるかといえば答えはノーだ。もともと「感じのいい人」の一面もあり、容疑者リストにあがっていなかったから周囲が驚いたわけで、日頃からトラブルメーカーだったとか異常な言動が目立っていたなら、もっと早く捕まっていてもおかしくない。

事件を起こしそうにない人が真犯人だったから意外性がある。

でも、いざイメージが変わってしまうと、周囲の人はあっさりと意見を変えてしまう。なぜそうなるのか。

自分への評価はあるきっかけで180度変わる

我々は身の回りにいる相手について、なんとなくわかった気になっているが、じつは相手の一面しか見ていない。そして、周囲の人という〝ボンヤリした〟距離感で接している人は、じつは相手にたいした興味は持っていなくて、いい人だった↓そういえば怪しかった、というように、たやすく意見を変えることができるのではないだろうか。

それなりにキャリアを積んだ人なら、社内外に大勢の知人がいるはずだが、その人たちの大多数はあなたの周囲であり、あなたはその人たちの周囲だ。

顔見知り程度の関係、趣味でつながる仲間、上司と部下、飲み屋でよく会う客まで、さまざまな距離感の人がいる。その人たちは、あなたの一面と付き合い、何らかの印象を抱いている。比較的親しい関係の人も、何かのきっかけであなたのイメージが変われば何食わぬ顔で軌道修正し、距離を取るだろう。

そんなものかと思うかもしれないが、あなたもやっていることだ。周囲の人とまんべんなく濃密に付き合っていたら時間がいくらあっても足りない。その必要もない。周囲で満たされない部分は、家族や肉親、友人など、あなたをよく知る人が補ってくれる。

気をつけてほしいのは、心を開ける相手がいない寂しさや、周囲の目を気にしすぎて、自分を見失ってしまうことだ。

無遅刻無欠勤の営業マンはなぜ強姦魔になったのか？

数年前、連続強姦事件の裁判を傍聴したことがある。罪を全面的に認めた被告人は30代。虫も殺さぬような優しい顔をした中堅企業の営業マンだった。

勤務状態は極めて良好で、無遅刻、無欠勤はもちろん繁忙期には進んで残業もし、休日出勤もいとわない模範社員。同僚の話では人柄もよく、親切で誰からも好かれていたという。子どもはいなかったが、夫婦仲も円満だと思われていた。

しかし、被告人には裏の顔があった。ある時期から、仕事を終えてから帰宅するまでの数時間を、獲物探しや犯罪の実行に費やすようになったのだ。

コンビニの入り口を見張り、好みの女性が見つかると後をつけるのがその手口。自宅まで尾行し、ひとり暮らしだとわかると侵入して襲いかかる。ときには外で、公園や神社の茂みに引きずりこみ、ナイフで脅してレイプすることもあり、わずか18日間で被害者は4人に達した。

目的を果たすと、被告人は何食わぬ顔で帰宅していたため、妻はまったく気づいていなかった。会社での態度も変わらない。顔を見られてしまったり、他にも証拠を残していたりしたために逮捕できたが、より慎重なタイプであれば、さらに犠牲者が増えたかもしれない。

法廷で動機を訊かれた被告人は、仕事と家庭のストレスから逃れたかったと答えた。

ストレスのきつさを動機に挙げる被告人はたくさんいる。信用できるかどうかは疑問だが、覚醒剤関係や痴漢、強制わいせつ（おもに露出癖）はほとんどがそうだ。仕事が忙しくて残業続きだった、無理なノルマを課せられていた、業績が振るわないことの責任を押し付けられプレッシャーだらけの日々だった。このあたりがお決まりの理由だ。

ところが、この被告人は一味違った。自分で作り上げた模範社員、模範亭主像がカンペキすぎて、それを演じることに耐えきれなくなってしまったのである。

「デキる男」という虚像を演じると壊れる

だったら、少しレベルを下げるなりすればいいのだが、上司、部下、取引先のすべてに好かれ、信頼されていなければ安心できない。入社以来ずっと、いい人の仮面をつけているので、失敗は許されないと思い込んでいる。

せめて家庭でリラックスできればよいものを、愛する妻を失望させたくなかったらしく、良い夫の仮面をかたくなに脱ごうとしなかった。ゴミ捨てに行くときでさえ、きちんとした服に着替え、すれ違う近所の住民に愛嬌を振りまき、評判を上げることに腐心するのだ。家事をこなし、妻の話に耳を傾け、欲しがるものは買い与え、妻の親戚関係にも気を使う。

スタイルも気にし、筋トレに余念がなかった。夜は夜で忙しい。性的満足感を与えるタフガイでなければならないと、週に最低2回は妻を抱くのをノルマにしていたからだ。誰にも心を開かず、実の親との関係も似たり寄ったり。素の自分で接することができないから、友人と呼べる相手もできない。

被告人は自分を取り巻くすべての人からホメられていたかった。欠点のない人間でいれば、仕事も家庭もうまくいくと思い込んでいたようだ。その揚げ句、精神的に追い詰められ、自分が自分らしく生きていると実感できることがレイプ魔だったとしたら、いったい何のために虚像を演じてきたのだろう（判決は懲役30年だった）。

できる男と思われたい。異性には好感を持たれたい。ライバルにスキを見せたくない。ビジネスマンならそれくらいのことは思っている。でも、まわりの人に個性をさらけださなければならないとか、欠点を隠さなければならないとか、考え過ぎは良くない。

「みんなに愛されるキャラ」は案外もろい

自分を振り返ってみてほしい。多くの人の周囲でもあるあなたは、すべての人を細かく観察したり、自分と比較して心のなかで優劣をつけたりしていないだろう。そんなことをしていたら疲れるし、そんなことができるほどヒマだとしたらそっちのほうが問題だ。

といって、周囲などどうでもいいと開き直り、好き放題に振る舞うこともしていないだろう。ビジネスマンは組織のルールが身についているから、ちょっとやそっとじゃその枠からはみ出さないものだ。

いまのままで万事ＯＫと言いたいのではない。それでは何も変わらない。人はどうしてもよく思われたくて無理をしがちだ。自己演出が過剰になっていないか、そこを見直すことでほんの少し、余裕が生まれると思う。

その第一歩が、周囲との関係だ。

自分のストロングポイントを伸ばし、みんなに愛されるキャラになれれば強いし、とくに中間管理職の立ち位置としては理想的である。が、落とし穴もある。もしもあなたの魅力を支えているものに嘘がまじっていたら、何かあったときには、実像とのギャップの大きさから、それまで築き上げてきた、できるビジネスマン像を一気に失うことになりかねない。

作られた完璧さは意外にもろい。それよりも、目指すべきは多様性だ。あなたを信頼している人、仕事ができると思っている人、ユニークだと思っている人、早く禁煙しろと思っている人、やや批判的な目で見ている人。いろんな角度から見られることは、あなたがピンチのときに、いち早く気づく人がいるということでもある。

本当に助けが必要なとき、遠ざかってゆく人がいる一方で、逆に近寄ってきてくれる人がいる。目指すはそんなビジネスマンだと思う。あなたが思うほど、周囲はあなたに興味を持っていない。しかし、あなたが真摯に生きていれば、周囲の誰かがそれに気がつき、広めてくれるのである。

被告人（言い訳・答弁）編❶

土壇場で言い訳を連発する人ほど大損する

※STUDY POINT

被告人に、端的な答え方を学ぶ

裁判という修羅場で人の本質がにじみ出る

「あなたは罪を認めているわけですよね」

検察は、いらだった口調で確認した。はい、と答える被告人。

「ではもう一度尋ねます。あなたは、あなたの意思で衣料品その他、計12万2000円相当の品物を盗んだ。間違いないですね」

「気がついたらバッグに品物が入っていまして、盗んだ記憶はないのですが、では私以外に誰がバッグに入れるのかと言われ、やはり自分がやったのだろうと思って罪を認めました」

「盗んだのですか、盗んでいないのですか」

「……盗み、ました。でも盗もうと思ってやったのではありません」

「盗む気のない人が十数点もの品物をバッグに入れるのですか」

「ウインドウショッピングのつもりだったんですが、見ているうちにどうしても欲しくなってしまいました」

「あなた、盗んだその日に、品物をネットオークションに出品していますよね。転売目的で盗んだんじゃないんですか」

「その気持ちも少しはあったと思います」


ある窃盗事件での、検察と被告人のやり取りである。一読して、なんてバカな言い逃れをしているんだとあきれるのではないだろうか。隠し事がバレた小学生と担任教師のやり取りみたいでもある。

だが、裁判ではこんなやり取りが日常的に行われる。証拠は十分、取り調べにも素直に応じ、自分が犯人であると認めているのに、いざ裁判になると言い訳に終始する被告人が多い。いまさら言っても効果があるとは思えない発言を、なぜか裁判という〝土俵際〟に追い詰められた人は繰り返すのだ。

大麻をさんざん吸っておきながら「冗談のつもりだった」と言ってみたり、被害者をメッタ刺しにしておきながら「殺す気はなかった」と弁明したり。言えば言うほどウソっぽくなるだけだし、おそらく本人もそれはわかっていると思うのに、やってしまう。裁判長は完全無視するか、苦笑するだけ――。

なぜ、土壇場で人は言い訳を連発するのか？

だがこれ、笑ってばかりはいられないと思うのだ。

被告人たちは罪の意識が希薄な犯罪常習者ばかりではない。一流企業で働くビジネスマンも数多く含まれる。彼らは仕事の現場で、無駄な言い訳はするなと教えられてきたはずだ。そんな人たちが、裁判という人生の大ピンチを迎えたとき、まったく効果のない言い訳を連発するのはなぜなのか。

必死だからだ。

それまで事件などとは縁のない暮らしをしてきた人が罪に問われ、裁判という日常からかけ離れた舞台に立たされ、検察から責めたてられるのだ。たとえそれが出来心で犯した小さな窃盗事件であろうと検察の口調は厳しい。いくら謝っても許してくれない鬼軍曹みたいに、被告人の内に潜む邪悪さを指摘してくる。

それがキツイ。検察にしてみれば、普段どおりのルーティンワークにすぎない尋問に、グサグサと心をえぐられてしまう。責められることに慣れていないエリートであればあるほど、まるで人格を否定されたように感じるのではないだろうか。

自分がやったことはいえ、いや、やったことだからこそ、極悪非道な人間のように決めつける検察のことばが不快感を募らせる。今回は悪いことをした。でも、それが自分のすべてだと裁判長に思われたらたまったもんじゃない……。

意外に思われるかもしれないが、裁判で被告人がしゃべることを許される機会は限られている。起訴事実を認めるか否かを裁判長から尋ねられるとき、被告人質問、最終弁論時くらいだ。最終弁論時は審理が終了した後で「最後に言いたいことはありますか」と裁判長に促され、自分の思いを述べることになるので、事件の詳細について語ることはできず、判決への影響力もゼロに近い。必然的に、被告人が自ら事件について語る機会は検察と弁護人から質問を受ける被告人質問時のみとなる。

原告側である検察は、証拠の正当性を高め、自分たちの考える量刑が被告人にふさわしいと裁判官(や裁判員)に納得させるべく質問を浴びせかけてくる。その態度はいかにも自信満々。放っておけば重い刑に処せられるのではないかと被告人をビビらせるには十分だ。なんとかしなければ。被告人が追い詰められた気持ちになるのは容易に想像できる。とはいえ、実際やっちゃってるし自白もしているのだ。さあどうする自分。

第三者から見たら、懲役3年と2年に大きな差を感じなくても、当事者にとって1年の違いは大きい。ましてや小事件で執行猶予が付くかどうか際どいときはなおさらだ。根っからの悪党ではないことをわかってほしい。なにがなんでも執行猶予付き判決を勝ち取りたい。

その必死さによって、往生際の悪さがクローズアップされる、筋の通らない言い訳が生まれるのだと思う。犯行の悪質さを印象付けたい検察にしてみれば、被告人の過剰反応は待ってましたの好材料だ。

「被告人は端的に答えてください」

言い訳が通用しない場であるにもかかわらず、精神的に追い込まれると説得力のない説明で逃げようとし、即座にツッコまれて傷を深くしていく。こうしたことは一般社会でも数限りなく行われ、多少の言い訳なら大目に見てもらえることも多い。

でも、仕事が絡む場合はそうはいかない。「見苦しい」「責任転嫁だ」「反省してない」など厳しいジャッジが待ち構えていると思ったほうがいい。

覚えておいてほしいのは、こうしたミスを防ぐ方法を裁判所が教えてくれていることだ。尋問に入る前、裁判長はこのように言う。

「被告人は聞かれたことに対し、なるべく端的に答えてください」

基本はイエスかノーかで良いのだ。で、それ以上の説明を求められたときだけ、堂々と発言すればいい。それが要領を得ないことばだとしても〝言い訳感〟はずいぶん薄れる。冒頭の会話で試してみよう。

検「ではもう一度尋ねます。あなたは、あなたの意思で衣料品その他、計12万2000円相当の品物を盗んだ。間違いないですね」

被「間違いありません」

検「盗んだその日に、品物をネットオークションに出品していますよ。転売目的で盗んだんじゃないんですか」

被「その気持ちはありました」

検「出品するために盗んだんですね」

被「はい。その気持ちはありました」

有利にも不利にもならないこの答え方こそが、相手の勢いを削ぎ、挽回のチャンス（弁護人質問）につなげる守備の固め方だろう。自分の味方である弁護人は、言い訳がましくない発言をさせる方法を熟知しているので、流れに乗って答えるだけで、被告人の言いたいことは伝えられる。

ビジネスシーンでも基本は同じだ。

誰だって追い込まれれば言い訳のひとつもしたくなる。でも、ストレートにそれをぶつけても、相手の心に響かないばかりか評価まで落としかねない。ミスをしたとき、もっとも避けたいのは次のチャンスを奪われることだ。

裁判でいえば実刑判決を避け、執行猶予付き判決に持ち込むことが大切になる。執行猶予付き判決とは、刑務所に収監されず、社会の中で生活しながら更生するチャンスを与える制度。少々肩身は狭くても、プロジェクトから外されたり左遷の憂き目にあったりすることなく仕事を続けながら、失地回復の機会を待つのだ。

ミスを認め、取引先や上司の感情を逆なですることを言わない。そして、仕事で似たような状況にぶつかったときミスを繰り返さず結果で反省と成長を示す。当たり前のことに思えるかもしれないけれど、多くの人が言い訳を連発する中、最小限の努力で最大の効果を発揮する方法はこれだと思う。

僕はいまだかつて、裁判で被告人の言い訳が功を奏した場面を見たことがない。しかし、少しは事情を訴えたほうがいいんじゃないかと思うほど寡黙な被告人が、執行猶予を勝ち取る場面はたびたび目にしてきた。

〝負けて勝つ〟ための執行猶予付き判決を得るためにも、言い訳の誘惑にグッと耐えてほしいと思う。

被告人（言い訳・答弁）編❷

裁判所でみた"小学生並みの屁理屈"前科7犯男の小物感

※STUDY POINT

被告人に、遅刻時の正しい言い訳を学ぶ

なぜ遅刻すると必死に弁明・弁解しようとするのか

人付き合いにおいても、円滑なビジネスマン生活を保つためにも、「言い訳」の作法を守るのは重要なことだ。言い訳については前項にも書いたが、どうして言い訳がマイナスに働いてしまうのか、もう少し考えてみたい。

遅刻したときに、こんな言い訳（弁解・弁明）をする人がいる。

「いつもより駅の構内が混んでいて、スムーズな乗り換えができなかった」

「目覚まし時計が鳴らなかった」

言われるほうにしてみればどうでもいいことだ。自分に対する評価を下げる行為であることは本人もわかっている。でも、なぜかガマンができず、言い訳をしたくなる。

「人身事故が発生して電車が止まってしまった」

これなら遅れた理由になっているから理解されるかもしれない。でも「目覚まし時計が鳴らなかった」はダメだ。これが許されるなら、なんだってアリになってしまう。出掛けに子どもがグズった。出かけるついでにゴミ捨てをしようと思ったら場所が変わっていて探すのに苦労した。定期入れを忘れて家まで戻った……。それで済むならタイムカードなんかいらない。

「私の事情をわかってください」という心理

では、人はどうして言い訳せずにいられないのか。

日本では幼い頃から「嘘をつくのはよくない」「約束を破ってはならない」「時間を守るのが人としてのマナーだ」と教育される。いずれも正論なので、そういうものかと思って育つ。約束の時間に遅れたら何はさておき「ごめんなさい」と謝る文化なのである。遅れても謝らない人は「エラソー」「ふてぶてしい」と受け取られる。

まっとうな理由があろうとも、相手を待たせたり、約束を果たせなかったりする場合にはひたすら謝る。それがもっとも無難な対処法だからそうするのだが、心のどこかに「でもさ……」という気持ちがあるときは、意味がないと知りつつ、相手にそれを伝えたくなるのだ。言いたいことはひとつ。「わざとじゃないのです」。相手に対し「私の事情をわかってください」とお願いするわけである。

〝遅刻の弁明〟をすればするほど小物臭くなる

相手が友人なら、笑って許してくれる確率は高い。親しい同僚や恋人も大丈夫だろう。しかし、上司や部下、取引先などが相手のときは、謝罪のみとし、言い訳はガマンするに限る。距離感のある相手に対する言い訳は、見苦しく思われたり、自己保身丸出しの態度に見られたりしがちで、あなたが決して望まないであろう〝小物感〟を相手に与えてしまう。

だが、謝罪後に沈黙を保つことは意外に難しく、聞かれてもいないのに弁解がましくしゃべってしまう人が多い。上司に頼まれた仕事があり、放っておいたら「まだか」と急かされた。「すみません」の後、つい口が滑る。

「いまやっている仕事が片付き次第やるつもりでした」

そんなことを言っても上司は怒るだけだ。とっさの反応には人間性が出やすいので、ダメな部下の烙印を押されかねない。

罪を認めつつ言い訳ばかりする被告人の目的

裁判でも同じことが言える。

裁判傍聴していると、罪を認めているのに、被告人質問で言い訳ばかりする被告人が多いことに気づく。少しでも軽い刑にしたいという願いから、くどくど弁解をするのだろうが、しゃべっているうちに興奮してくるのか、まるで悲劇のヒーローみたいな発言になってくることさえある。

こうなると逆効果。反省度合いに疑問符が付けられ、裁判長の心証も悪くなる。言い訳の上手下手で量刑が変わることはないだろうが、裁判は人が人を裁くもの。ときにはマイナスに働くこともあるだろう。

容疑を否認し、無罪を主張する事件では、検察の証拠を突き崩せるかどうかが判決の分かれ目となる。筋の通った説明をして「だから私はやっていない」と主張することが、検察と渡り合うための前提条件。この場合、緊迫感のあるやり取りが期待できる。

でも現実には、そういう裁判に出会えることはまれ。証拠がそろい素人目にも「間違いなくやっている」と思うような事件で、無罪を主張する被告人のほうが断然多い。こうなるともう、弁明は屁理屈を積み重ねたものになる。

ストーカー容疑で捕まった被告人が「単なる愛情表現」と言い張る行為が、相手の勤務先への誹謗中傷ファクスの山だったりするのだ。痴漢の被告人が「悪いのは私じゃなくて、お尻を触りたがる手だから無罪」と言って譲らず、そんな言い方もあるのかと驚かされたこともある。

しれっと小学生以下の屁理屈を言って人をイラつかせる

僕の傍聴歴の中でも群を抜いて器の小ささを感じたのは、かれこれ10年ほど前に聞いた、前科7犯の窃盗常習犯オヤジの言い訳だった。東京・池袋駅前で自転車カゴに置き忘れられていたセカンドバッグを盗んだ容疑だが、断固として否認。近くの交番にいた警察官が一部始終を見ていて、職務質問の末に逮捕されたが、その言い訳がふるっている。「たしかにバッグをかごから取り出したが、盗むつもりはなく、交番に届ける途中だった」から無実だと言う。

それはおかしい。被告人はバッグを持つと、交番とは逆の方に歩きだしていたではないか。

検察の追及に、しれっとしてこう答える。

「たしかに逆方向に歩きましたが、気持ちとしては届けるつもりでした」

首をかしげるしかない言い草だが、弁護人はマジメな顔で裁判長に訴える。

「被告人の行動は怪しいかもしれませんが、大きく迂回しながら交番に向かおうとしていたにすぎず、無罪です」

こんな弁護をするために法曹界に入ったわけでもあるまいに。誰の心にも響かない主張と、小学生以下の屁理屈。勝ち目はまったくない。それでも人は黙ってはいられないのだ。

言い訳＝自己正当化なので、言うのをやめてみる

マナー違反したとき反射的に言い訳するのは一種の習慣にすぎない。家でも職場でも一切言い訳しないと決め、一週間それを守るだけで、劇的に変わることができるだろう。

きっと一切言い訳しないと決めた初日から、自分がこれまでいかに言い訳を多用してきたかが実感できるほど、ガマンの回数が多いはずだ。謝罪だけで終わらせることに不安を感じるかもしれない。

それが3日目あたりから変わってくる。言い訳をしなくてもその場は収まるものだし、話も短くて済むのだ。遅れたり約束を破ったりした理由を尋ねられたときは、もちろん答えていい。

「電車に乗り遅れてしまいました」

内容は同じでも、これは理由の説明であって言い訳ではない。言い訳でなければ相手に〝小物感〟を与える心配もなく、萎縮せずにビジネスの話に入っていけるだろう。

もうひとつの効果は、気分が前向きになることだ。言い訳は、自分の行動を正当化することなので、疲れる上に、自分も相手も面白くない。それだったら、ひとり静かに反省し、過ちを繰り返さない手段を講じるほうがはるかにマシである。

被告人（言い訳・答弁）編❸

「人は見た目が9割」を信じる人はなぜバカを見るのか？

※STUDY POINT

被告人に、第2・第3印象の重要性を学ぶ

スウェットやジャージ姿でも有罪とは限らない

　ここでは「外見」について考えてみたい。裁判傍聴をしていると、被告人の外見（第一印象）と事件の内容の落差に驚かされることが少なくないのだ。

　裁判時に僕が被告人の外見でチェックするポイントは、服装、顔、声である。彼らはアクセサリーや小物などを持っていないので「対象」は限られる。

　小事件の裁判では被告人が手錠をかけられた状態で入廷するが、その見た目のインパクトも割り引いて考えている。手錠は逃げたり暴れたりするのを防ぐものだろう。だが、被告人は容疑を否認しているかもしれず、冤罪の可能性もあるのに、こんな姿で現れたらたいていの人は審理が始まる前から「犯人なんだな」と思いかねない。犯罪者の象徴であり、拘束を目的とする道具でもある手錠はそれほど強い印象を残すのだ。

裁判員裁判で被告人に手錠をかけないのは、一般人である裁判員に見た目の先入観を植えつけないための配慮である。

人は直感的に外見でいい人か悪い人か判断する

さて、初めて被告人を見たとき、まっさきに目に入るのは服装だ。

保釈されていれば別だが、被告人はスウェットやジャージ姿の、着の身着のままということばがピタリと当てはまる衣服であることが多い。少し小ギレイなところではTシャツにジーンズ姿ということもある。以前、いつもピシッとした白シャツに折り目のついたパンツをはいて入廷する被告人がいたが、それは例外中の例外。だいたいはさえない格好なのだ。

といって、地味でおとなしく見える被告人ばかりではない。殺人事件の被告人が派手なキャラクターの描かれたジャージを着ていたり、リストラされて食い詰めてホームレス生活を送った揚げ句、窃盗で捕まった犯人が「I♡（ハートマーク）TOKYO」とプリントされたTシャツ姿だったりして、ふざけているのかと思うこともある。判決に影響がなくても、法廷には遺族などの関係者がきているかもしれないのだ。そんな格好で「すみません」と言われても真実味がないだろう。

顔や話し方も重要なポイントである。顔では、とりわけ目つきと口元が第一印象に大きく関わってくる。ギラギラと周囲をにらんでいたり、死んだ魚のようにドロンとした目つきをしたりしているとどうしても印象が悪い。また、口をポカンと開けたり、不敵に笑ったりしているとマイナスの印象しか傍聴人に与えない。何を言っているか聞き取れないモゴモゴ声も自信のなさを表すように聞こえ、直感的に「信用できない」と思ってしまう。

気品ある顔立ちの女性は、児童虐待する恐ろしい母親

そうした印象を基に「こいつはワルだぞ」などと推測し、審理が始まる頃には早くも心の中で有罪判決を出すことがよくあった。

ところが、審理が進むにつれて、第一印象が変わってしまうことがある。じつは犯人ではなかった、というようなどんでん返しの展開ではなく、すんなり有罪が確定する事件でもそれは起きる。たとえば……。

【被告人の第一印象が変わった裁判例①】

髪の毛バサバサ、膝の伸び切ったスウェット姿の女性被告人。容疑は窃盗。第一印象は「だらしない人だな。きっと常習犯だろう」というものだった。だが、じつは子どもを必死で育てるシングルマザーで、オシャレどころかメイク用品さえ持たないほどの節約を重ねていたものの、子どもの卒業式にきれいな服を着せてやりたくて服を盗んだ。

↓さえない服は節約の証しだったのか。やったことは悪いが、その気持ちはわかる。

【被告人の第一印象が変わった裁判例②】

ダボダボの長ズボンにTシャツをイン。痩せて青白く年齢以上に老け込んだオヤジ被告人。会社の金を横領した容疑。第一印象は「こういう小悪党タイプが、いけしゃあしゃあと悪事をはたらくんだな」だった。だが、その会社の経営の実態もかなりひどく、被告人は会社が傾くのを防ぐために犯罪に手を染めた面もある。

↓この人は真面目で忠誠心の強い性格であり、それを勤め先の上役から利用された案外かわいそうな人なのではないか。

イメージの変化には逆パターンもちょくちょくある。典型的なのは、僕が女性被告人に妙な思い込みを抱いてしまったケースだ。

どこか気品ある顔立ちで服装も地味ながら清潔感がある児童虐待容疑の女性被告人。第一印象は「愛情表現がヘタなだけなのでは」だったが、キレると見境なく暴力をふるう恐ろしい母親だった。発覚が遅れたのは、夫の前ではそんなそぶりを見せていなかったため。良き妻を演技させたらカンペキだったんだろう。ああ恐ろしい。

なぜ、人は一度信用した人に疑いの目を向けないのか

わずか30分かそこらで第一印象がコロリとひっくり返る体験を何度も重ねるうちに、わかってきたことがある。まず、自分の直感がアテにならないことだ。同じ現象がこんなに起きれば認めざるを得ない。

もうひとつ気づいたことは、僕が普段、第一印象にこだわりがちだったということである。自分の判断を信じたい気持ちが強いタイプで、いったん〝信用できる〟と思ったら容易にその人物に対する評価を変えようとしない。でも、その根拠はなにかといえば服装などの見た目であり、表情やしぐさ、声といった要素がほとんど。詐欺師から見たらカモにしやすいタイプの典型かもしれない。

実際は、人を見る目など大して備わっていないし、自分の判断力を信じることで自己満足したいだけだ。そのため、「あれ、この人……?」と心のどこかで違和感を抱く場面があっても、いったん信用したのだからと、頭に浮かんだ疑問符を打ち消そうとする。相手を信用する〝誠実〟な行為に見えるが、自分の判断を否定したくないだけなのだ。

第一印象を時の経過とともに修正すべし

服装は清潔感第一、小物にも気を使おう、あいさつは笑顔が大事、しゃべるときはハキハキと、ナチュラルメイクでさり気なくアピール――。

世の中が第一印象をよくするための提言であふれているのは、それが人間関係を良好にすることになるからだろう。でも、意地悪な見方をすれば、これらの提言はすべて、相手の心の鍵をこじあけるための知恵である。

いったん信用を勝ち取ることができたら、自己の直感力にこだわる人ほど好印象を持ち続けてくれるのだ。よって、第一印象をよくするための自己演出はなくならないし、それは多くの読者が実践していることだろう。

外見の演出に惑わされず、相手の本質を見抜け。

しばしば聞くフレーズだが、言うはやすし、である。ただ、本質までは見抜けなくても、随時、第一印象をより現実的なものに修正することなら可能なはずだ。

僕が、裁判傍聴であっさり被告人に対する印象を変えることができたのはなぜなのか。傍聴人という客観的立場にいるからだ。印象が変わっても困ることがなくプライドも傷つかない分、素直になれるのである。普段の自分より、傍聴しているときのほうが柔軟な思考ができているとも言える。

第一印象がどうであれ、その後の評価は変わっていい。いくら一目ぼれした相手でも、付き合いだして態度が豹変したら、別れようとするだろう。そうしないと、ずっと悔やむことになるからだ。自分がズタズタにされてしまうとなったら、第一印象をひっくり返すことに迷いなど生じない。

人間関係は、時としてそのように断絶してしまうこともあるが、通常の人付き合い（会社内の関係、友人関係など）は緩やかに続くことが多い。その際、時の経過とともに第一印象に修正を施し、相手の〝イメージ時計の針〟を現在に合わせることも大切になる。とくに、対人関係のよしあしが仕事の実績に直結しがちなビジネスマンにとっては。

弁護士編❶

絶体絶命で自分の株を上げる人の「話し方」とは

※STUDY POINT

弁護士に、負け方を最小化する方法を学ぶ

弁護人の手腕は「いかに上手に負けるか」

刑事事件では、被告人の代弁者として弁護人が活躍する。弁護人は、刑事手続において被疑者や被告人がその権利を正当に行使したり、利益を損なわないようにしたりするための支援者・代弁者。法律面だけではなく精神的支援も行い、裁判では被告人の弁護を行う。弁護士が資格や職業を表す名称なのに対し、弁護人は刑事事件のみで使われる特殊な役割といえるだろう（民事事件では弁護人ではなく、代理人となる）。

なかにはやる気の感じられない弁護人もいるが全体的には少数。罪を認め、言い訳の余地がなく、量刑の相場も決まっているような事件でさえ「そこをなんとか1年でも軽く」と訴える弁護人をたくさん見てきた。凶悪な殺人犯であっても被告人のため熱弁を振るい、とにかくブレない。ときには「なぜ悪いやつの味方をするのか」などと非難されながらも、役割に徹して職務をまっとうする人が大半だ。

裁判の図式は一般的に、証拠という武器を持つ検察のオフェンス力vs情状酌量を求め被告人の反省ぶりを強調する弁護人のディフェンス力とのぶつかり合いになる。裁判官はレフェリー兼採点者というところか。

弁護人の武器は少なく、せいぜい情状証人を呼ぶ程度。否認事件で新たな証人を呼んだり、証拠の矛盾を次々に証明したりして逆襲に転じることはめったにない。ほぼすべての裁判で被告人は有罪になるのだ。弁護人の仕事とは「いかに勝つか」ではなく「いかに負けるか」なのである。

徹底して被告人の側に立ち、少しでも刑が軽くなるようにあの手この手で奮闘する弁護人の話術から、ビジネスマン、とくに上役と部下の間で苦しい立場に立たされがちな中間管理職が、最小のダメージでピンチを切り抜けるための立ち居振る舞いを学んでみたい。

部下と上役の「板挟み」。中間管理職の正しい姿勢は？

部下がミスをして上役が怒って呼びつけ、直属の上司であるあなたも同席を求められているとしよう。怒りの矛先は部下に向いているが、風向きが変わればあなたまで責任を問われる可能性がある。部下はミスを認めて低姿勢。話をこじらせるつもりはないようだ。さて、この場を丸く収める方法は？

ポイント（もしくはプロセス）は3点。

(1) 部下の代理人に徹する（基本方針）
(2) 花を持たせて実を取る（執行猶予付き判決を狙う）
(3) 機先を制する判断力（怒りの炎の鎮め方）

である。繰り返すが、大事なのは、「いかに勝つか」ではなく「いかに負けるか」だ。部下は、いわば被告人。中間管理職である自分はその弁護人。部下と自分は明らかな劣勢で、負けはほぼ確定だ。ここで弁護人としてできることは、裁判官（上役）に上手に対処して、「負け方の程度」を少しでも軽くすることだろう。

(1)弁護人（自分）はあくまで代理人で、罪を問われる立場ではない。だからこそ冷静に〝事件〟の実態を語ることができる。この場合は、なぜミスが生じたかを被告人である部下の代弁者として上役に説明する役割だ。上役は当然、部下に説明を求めるだろうが、放っておけば萎縮して黙り込むか、言い訳を口にしかねない。いずれも上役の望まない展開だ。

求められているのは事実を伝えることなので、まずは、感情を交えずに起きたことをそのまま伝えるのが大切になる。ただし、ここで上司としての立場を前面に出すのは感心できない。あなたが謝っても上役は知りたい情報が手に入らないし、矛先を自分に向けていいことは何もない。無責任な上司と思われることを恐れ、部下をかばうポーズを取っても上役に無能と思われるだけだ。

殺し文句は「自分が早く気づくべきだった」

(2)上役が、ミスが起きた原因を理解したら、今度は具体的な戦術に入る。部下がミスをした。タイミングの悪さなど不運も手伝った。おかげで会社に不利益を生じさせてしまった。これらがそろえば、反論の余地はなく、部下は謝罪しかすることがない。

部下には失地回復するための権限もないし、すぐにそのチャンスを与えられることもないからだ。そして、原因がはっきりした以上、上役もとりたてて言うことがない。部下は二度とミスを繰り返さないと誓い、反省もしている。どうしたら同じミスをしないで済むかというテーマは、中間管理職であるあなたと上役、あなたと部下の間で話すべきことだろう。

だが、ここで終わっては感情面の整理がつかない。怒りで振り上げた手をどこかに着地させないと、上役はすっきりしないのだ。どこに着地させるか。もちろん、部下ではなくあなたのところである。

「自分が早く気づくべきだった、そうすればミスを回避できたかもしれない」

それくらいのことはシレッと口に出そう。どうせ代理人である。上司としての管理能力が欠けているなどと叱られたとしても、上役に嫌われていなければそれほど長くは続かないはず。上役はピンチに陥ったあなたの振る舞いを観察している。身を挺して部下を守る姿勢を見せることに力を注ぎたい。それこそ中間管理職が、弁護人に学ぶべきポイントではないか。

上役の〝見せ場〟を作ることができたら、収めどころを考える。狙いは、〝執行猶予付きの有罪判決〟。上役が「以後気をつけろ」で話を終わらせてくれれば、部下の受ける傷は致命傷にならず、上役も〝示しをつける〟ことができる。これが理想的な〝いい負け方〟だ。

あなたはどうか。小言をくらうとしても、できる上役ならば、あなたの冷静さや部下への気遣いに一定の評価を与えるに違いない。部下からの信頼も増すのでトータルすればトントンか少しプラスが見込める。

なぜ、弁護人が被告人を〝罵倒〟するのか？

(3)は非常時の対応。実際の裁判で、弁護人はときに被告人を守るため、あえて感情的に振る舞い、被告人を罵倒することがあるのだ。被告人の味方なのにわざわざそんなことをする理由は、検察の機先を制し、それ以上の追及をさせないためだと思われる。

部下とあなたと上役の関係は、被告人と代理人と裁判官の関係に近い。被害者の代理人である検察が欠けているのだ。怒りが激しい場合、上役が検察役となって部下を責めるパターンに陥ることがあるのはそのためだが、本当の被害者ではないからその追及は的外れの感情論になりがち。つまりは不毛。上役だってそんなことは百も承知なのだが、許されないミスなんだということを強調せねば幕が引けない。

そこで、その役をあなたが受け持つ。上役の代わりに部下を叱咤し、会社に迷惑をかけたことを部下に納得させるミッションである。このときに、部下のミスは私の責任です、などと上役に媚を売ってはならない。部下や上役から「保身に走った」と誤解されてもかまわないから、過剰なくらい感情をむき出しにして、上役から「それくらいでいいだろう」と制されるくらいの迫力を出したい。

その後のフォローも大事だ。

「以後気をつけるように」で解散となった後、上役には「出過ぎた真似をしました」と詫び、部下には「悪かったな。あの上役は言い訳を何より嫌うから」と声をかけておく。すぐに理解はされないかもしれないが、(1)で取ったクールな態度と(3)の感情的な態度にはギャップがありすぎるから敏感な相手ならピンとくるはずだ。

ただし、この手はリスクを伴うので、手放したくない部下限定で使うことをおすすめする。ここで救わないとコイツはつぶれてしまう。退社しかねない。そんなとき用だ。

さて、あなたにはそこまでしたいと思えるほど信頼している部下がいるだろうか？

弁護士編②

頭ひとつ上の弁護士は「猛練習・破壊・鷲掴み・手柄欲」

※STUDY POINT

弁護士に、社内の理想のチームワークを学ぶ

優秀な弁護人チームに学ぶ、理想の上司と部下

大きな事件になると、検察も弁護人もチームを組んで裁判に臨む。検察が用意する証拠書類は膨大になり、それを読み込んで検討する弁護人の作業も、ひとりでは手に余る量になるからだ。また、罪状が複数あったり、複雑な内容を含んだりする場合には、手分けして対応する必要も出てくる。

組織に属している検察はまだしも、個人事業主である弁護人が被告人に有利な判決を勝ち取るためには鉄壁のチームワークが欠かせない。では、いい弁護人チームとは何なのか。もっとも多い2人組を例に考えてみると、パターンは2つある。

(1) 分担型：互角のキャリアを持つプロ同士がタッグを組む
(2) サポート型：ベテランと若手弁護士の師弟コンビ

(1)は、被告人の容疑が複数にわたる場合や、重大事件で証人の数が多いケースなどで見受けられる。便宜上、どちらかが主任弁護人を名乗って前面に立つが、弁護の進め方は、互いの担当箇所をバランス良く分けて最大の成果を目指すスタイル。どちらが質問や尋問をしても遜色ないので、傍聴席から見ていても安定感があるのが特徴。

(2)は、ベテラン主任弁護人がメイン。若手は派手な見せ場もなく、一見すると助手のように感じられなくもない。ただし、ずっとそうなのではなく証人尋問を一部担当したり、どこかで存在感を示す機会が与えられたりすることが多い。とはいえ、裁判の結果を左右するような局面ではベテランが孤軍奮闘するのであくまでもサブの立場だ。

(1)(2)をもう少しわかりやすく説明しよう。

(1)の場合、いい結果を出すコンビは、主任弁護人がキャリアも弁護のレベルもわかった上で相棒を選び、互いに相手を尊重できる関係を形成すると想像できる。だいたいは弁論が得意なアタッカー役と実務型の守備役のコンビ。なお、自分よりはるかに格上を相棒にするとは考えにくいので、主任弁護人のレベルがチームの基準となる。

僕が注目したいのは⑵サポート型の師弟コンビで、全体としてはこちらの組み合わせが主流。チームとしての弁護活動を見ていると、彼らの関係性は上司と部下にも置き換え可能だと思えてくる。

弁護人チーム ダメな師弟、デキる師弟の特徴3

⑵におけるいいチームとは何かを考える前に、ダメなパターンをいくつか紹介しよう。チームリーダーである主任弁護人の力量不足は論外として、チームとして機能していないことはよくある。

●単純な打ち合わせ不足

●信頼関係が薄い

●若手にやる気がない

このいずれか、あるいはそれらが少しずつ重なって、傍目からは主任弁護人がひとりで戦っている印象を受けるのだ。

若手がなにもしないわけではなく、証人尋問などもするのだが、頼まれ仕事を淡々とこなすふうにしか見えず、裁判に与えるインパクトは皆無。主任弁護人も若手に期待していないのか、書類作りやコピー取りといった事務仕事だけ間違えずにやってくれたらいいと思っているのがミエミエ。若手が女性のときは、証人が女性のときに出番を与えられたりするけれど、少しもたつくと主任がイラついたりして、アシスタント扱いの感は否めない。

こうなると主任弁護人の実力がすべてということになるが、若手弁護人を活かしきれないリーダーでは……。判決に直接の影響を及ぼすかどうかは別として、自分が被告人で、実刑になるか執行猶予付き判決になるか微妙な裁判だったら、あまり歓迎できないチームではないだろうか。

では、できるチームとは？　主任弁護人が実力を備えているのを前提とすれば、大事な要素は3点だ。

●若手に登用をチャンスと捉える意識があり、主任弁護人に若手に経験を積ませたいとの配慮がある
●若手が一手先を読み、裁判で使える資料作りをしている
●被告人質問や最終弁論の練習をしている

一言でまとめれば、ヤル気に満ち、検察との対決に勝つべく作戦を練り、武器を活かすための稽古を怠らない、ということだ。

僕は、被告人が無罪を主張する殺人事件の裁判員裁判の傍聴で、師弟関係にあるあっぱれな

2人の弁護人チームを見たことがある。彼らは検察が用意した証拠をつぎつぎに叩き潰し（検察側の証人として出廷した事件の目撃者がいた場所を、現場を実測して別の場所だと論破。酒に酔っていた証人の勘違いを指摘し証言の信用性をくつがえした）、長時間に及ぶ最終弁論で裁判員たちの心を鷲掴みにして無罪を勝ち取ったのだ。

後日取材すると、体力のある若手が精力的に資料を作り、ベテランがそれを吟味する方法で証拠のスキを見つけていく手法が取られていた。また、最終弁論を資料に頼らずに行えるようリハーサルを重ねた結果だとわかった。

有能な弁護士は「求められるレベルを高く解釈」

冤罪を阻止するという強固な意志で結ばれたからこそのチームプレー。そのときの若手弁護人のことばが忘れられない。

「自分が足手まといになったら、この裁判は負ける。無罪の人が殺人犯になる。その使命感と……あとは自分のためですね。また私と組みたいと言ってもらえるように、求められたレベルを高く解釈したんです。ここまでやれってことですよね、と」

ここまでやっておけば問題ないところで終わらせず、検察が反論してきた場合を仮定して資料を作成する。証人がのらりくらりとかわしにかかったとき有効な資料はないかと探す。裁判員たちに熱く語りかけ、〝有罪〟に傾きがちな気持ちを引き戻すための決めゼリフを用意する。実際に使われたのは一部だが、そのあたりはちゃっかり計算済みだ。

「それでいいんです。カツカツじゃ、資料を使いこなしたリーダーの手柄になりますけど、余るほどあれば、私の存在なしに勝利はなかったと思ってくれますから」

これ、そのままビジネスシーンに応用できるのではないだろうか。

上司に頼まれる仕事は、やりがいのあるものばかりではないだろう。下っ端はつらいよとボヤきたくもなるだろう。でも､誰でもできそうなつまらない仕事にも自己アピールの種はある。若手弁護人が使った〝過剰さ〟の演出はその好例だ。

「ここまでやれとは言ってない」と上司は言うかもしれない。表面上は叱るポーズを取るかもしれない。だが、命令したとおりやったところで、上司にとっては当たり前の仕事をしたことにしかならない。その点、やり過ぎな部下なら上司の心に爪痕を残すことができる。先を読み過ぎでも張り切り過ぎでもゼロよりいいではないか。求められるレベルが低ければ、過剰に見せかけるのはたやすいし、やることはやっているのだから〝ダメ社員〟のレッテルも貼られにくい。

そして、本当の勝負は上司にとって重要な案件に絡むことを頼まれたとき。ここで日頃の過剰さを捨て、必要にして十分な資料を作成するのである。カツカツの資料で案件を無事にクリアできたら、上司の手際が際立つからだ。

あなたの貢献度を知っているのは上司だけ。そんなことが何度か続いたら、有能な部下として認められ、つまらない雑務は他の部下の仕事になっていくだろう。

弁護士編❸

クロ確定の"顧客"に尽くす弁護人の「胸の内腹の内」

※STUDY POINT

弁護士に、極悪人に忠誠を誓うプロ根性を学ぶ

極悪の被告人に従う弁護人「それが仕事ですから」

裁判における刑事弁護人は、被告人の権利と利益を守るため、被告人にとって有利な事情を主張・立証する。客観的に見て「被告人以外に犯人はいない」と思えるような事件で、刑事弁護人が被告人と会って事情を聴くときに「勝ち目はない」「認めるほうがいい」と説得することはあるとしても、いざ裁判となれば、被告人の希望に沿った弁護を行うのだ。その立場は徹底して代理人であり、弁護人自身の見解が求められることはない。

以前、ある弁護士に、どう考えても有罪だと思える被告人を「無罪である」と弁護するのは虚しくないかと質問したら「それが仕事ですから」と即座に返されたことがある。

弁護人は被告人を、こう説得するかもしれない。悪あがきするより潔く罪を認めるほうが情状酌量されやすく、有罪になった場合の量刑も軽くなる、と。しかし、被告人がどうしても無罪を主張すると言い張れば、弁護人はそれに従うのが職務だ。そして、無罪にはならないとしても、どうすれば少しでも量刑が軽くなるかと頭を切り替え、与えられた役割を果たすのである。

検察がそろえた、有罪を示す証拠の数々を前に、負けると知りながらも弁護人は言う。

「被告人が被害者と会い、もみ合った末、被害者が命を落としたことは事実ですが、被告人は不意に殴りかかられ、そばにあった刃物を反射的に手にして防ごうとしただけです。殺意などあるわけがなく、正当防衛を主張します。被告人は無罪です」

この例はまだいいほうで、よくある窃盗事件などでは無理がありすぎるやり取りも繰り広げられる。しらじらしさ満点の被告人質問を再現してみよう。

腕利き弁護士は「7掛け」の量刑を目指す

▼とある窃盗事件の被告人質問

弁「バッグの中に衣料品その他18点が入っていたことは認めるが、故意にやったのではなく、レジで精算するつもりでいたんですね」
被「その通りです」
弁「店の外に出たところで警備員から声をかけられましたが、精算するのを忘れていただけで支払う意思はあった？」
被「はい。お金は持っていましたから。警備員にもそう言いましたが信じてもらえず、警察に突き出されました」
普通、信じないって。
弁「衣料品のタグがポケットに入っていたのはなぜですか」
被「無意識に外したとしか……」
弁「タグを捨てようと思えばトイレに行くこともできたのに、そのまま店を出たのですね」
おいおい、どう考えても確信犯だろ！
傍聴経験がまだ浅かった頃には違和感のあった弁護人の言い分も、それが代理人として当然の仕事だと理解できてからは平常心で聴くことができるようになった。
技術が問われるのは、被告人が罪を認めている場合だ。
いかにして情状酌量の余地を増やし、執行猶予付き判決に持ち込むか。実刑なら、年数を減らすか。量刑にはなんとなくの相場があって、検察の求刑が懲役10年なら判決は7年、5年なら3〜4年というように、求刑の7掛けくらいの判決に落ち着くことが多い。執行猶予を取れれば文句なし、実刑判決でも、10年が5年になるなど、相場を下回ったときは依頼者（被告人）に実質的な利益をもたらしたことになる。

求刑から大幅減の判決を受けた被告人が、法廷を出ていくとき、弁護人に深々と頭を下げたり、執行猶予付き判決で済んだ被告人が、閉廷後、涙ながらに礼を言ったりするのは珍しい光景ではない。弁護人は笑顔で受け止めつつ、あくまでクールに「良かったですね」「しっかり更生してください」で終わらせ、いつまでもベタベタしない。腕のいい弁護人に出会うたび、プロだなと思う。

土俵際に追い込まれた人の味方になり、減刑という結果を出す。これはやりがいのある仕事だろう。だが、冷静に考えてみれば、弁護人は職務を果たしただけ。特別な能力を発揮したわけではない。それでも大いに感謝されるのは窮地を救ったからである。

医者もそうだ。やるべきことをやり、素早い処置を施したり手術が成功したりすると、患者に大感謝される。消防士だってレスキュー隊だって同じ。ピンチを救えば、助けられた人はありがたく思うのだ。

無欲で善行をするビジネスマンの「落とし穴」

ビジネスシーンで、大したことをしたと自分では思わないのに、相手のリアクションが思いのほか大きくて困惑した経験はないだろうか。

(1) 仕事を円滑に進めるため、上司に新しく導入されたソフトの使い方を教えたら、大げさなほどにホメられた

(2) チームで動いているプロジェクトに関係する企業の最新ニュースを知り、同僚と情報を共有しておくため朝一番にメールで伝えたら、「ありがとう、今日の昼飯おごるよ」と返信が来た

(3) 収拾がつかなくなってから仕事を振られても困るので、先輩に付き合って数時間残業し、目の前の課題を片付けたら、先輩からの信頼が目に見えて厚くなった

どうしてそうなるのか。あなたにとっては特別なことではなくても、相手にとって「ど真ん中の直球」だったからである。それに対してあなたが驚いたのは、「自分のためにした」ことの結果が大きかったからだ。

(1)のケースなら、あなたは、単に「ソフトの使い方がわからないから代わりにやってくれ」

と上司から頼まれるのは嫌だった。(2)では情報を共有できているチームのほうが、仕事がうまくいくと思った。(3)では先輩に仕事のペースを乱されたくないから先手を打った。多少の時間は割いたけれど、そのために努力した自覚はないし、努力してまで協力する気もなかった。

結果的にそれが相手を助けることになったのは、タイミングが良かったから。自分の仕事をスムーズにするための行為が、何かで困っている人から、大きな親切ととられたのだ。

上司はソフトのことがわからず(1)、同僚は仕事先の担当者との話題作りで悩み(2)、先輩は週末の休みを犠牲にして働くしかない、とあきらめかけていた(3)。彼らから見れば、あなたは苦しいときに頼りになる人。あなたは自分の能力を普通に出しただけで、感謝という〝褒美〟を得ることになったのである。

しかし、これを読んで「なるほど、そうなのか」と思う人は気をつけたほうがいい。

「気遣い」「気配り」乱発は単なるお人よしか？

なぜなら、おそらくあなたはこういうことを自然にできる人ではないからである。

社内で「気が利く」と評価されるのは、こういうことが日常的にできる人なのだ。彼らは、上司や同僚、部下、取引先の担当者がいま求めていることを察知する感度が高く、それに対して自分の能力の中で使える部分を提供しようとする。本人にしてみれば、無理せずにできそうなことをしているだけなのだが、してもらうほうは大助かりで、実質以上のありがたさを感じてしまう。

そうやってありがたがられる気配り上級者になるコツは、やはり想像力を磨くこと。代理人たる弁護人が、被告人の利益を最優先にして振る舞うように、あなたの仕事に関わる人の状況に目配りしておく。そして、困っているタイミングでサポートをするのだ。すぐに真似できることではないので、まずは周囲の人が置かれている状況に〝気づく〟ことから始めよう。

ただし、欲張ってはならない。

行動するのは気づいたときだけに限定する。努力して気配りしても、相手に悟られて、親切の押し売りだと思われたらかなわないではないか。もしくは、気配りを乱発することで結果的に自分を安売りしてしまうリスクもある。

期待すれば裏切られるのが世の常……。優れた弁護人も、有罪確率99%以上の現実の中で、「それでも被告人は無実です」と頑張っている。助けるのは後々自分がピンチに陥らないためと割り切り、感謝されようとされまいと、マイペースでやっていく。それぐらいのバランスがちょうどいいのかもしれない。

裁判長編❶

「ディスられた」と部下が思わない、ウマい話し方

※STUDY POINT

裁判長に、人をやる気にさせる小言の言い方を学ぶ

裁判長が被告人に語る「説諭」に学べること

長年、裁判傍聴をしていると、「嫌がられない〝攻めの小言術〟」というものがあることに気づく。裁判長が判決の宣告をした後に被告人に語る、ことば。その中には、ビジネスマンが日頃の仕事に活かせる教訓があると思うのだ。

さて、説教はされるほうもツラいが、するほうもラクではない。あなたが管理職で、部下に説教するのが楽しくてしょうがないとしたら、あなたの態度は自分に酔っているとしか思われず、真剣に耳を傾ける部下はいなくなるだろう。もちろん好感度も最悪。上から目線の小言を聞かされても得るものはないからだ。

部下と上司の関係は円満な方がいいし、社内の雰囲気は明るい方がいいに決まっている。それでも上司として黙っているわけにはいかないケースはある。大きな問題が発生したときに担当者を叱る、というようなわかりやすい例ばかりではないだろう。

●素行や口のきき方が同僚に悪い影響を与えている
●明らかに調子に乗っている
●全体の雰囲気がダレている

といった、見逃すと将来大きなトラブルの種になりそうなことを未然に防ぐ意味合いもある。管理職限定の話ではなく、後輩社員との接し方でも同じことだ。後輩が先輩という立場になったとき、あなたのことを嫌な先輩だったと思うか、うるさいのには理由があったと理解してくれるか、それは、いまのあなたの態度が決定する。

部下のため？　会社のため？　いやいや、いい人ぶってもしょうがない。あくまでも自分のため、家族のためだ。派手な立ち回りでトラブルを解決するより、日頃からトラブルが起きないよう工夫するほうがずっと賢いビジネスマンだろう。

そのためにも、細かい指摘をしても嫌がられない〝攻めの小言術〟をマスターしておきたい。

部下の性格もそれぞれだし社風も違うから、たしなめ方や叱り方の途中経過についてはあえて触れない。ポイントは締めのことば。部下をふてくされさせたり萎縮させすぎない説教の終わらせ方だ。

管理職が手本とすべき裁判長の説諭

「裁判長は、判決の宣告をした後、被告人に対し、その将来について適当な訓戒をすることができる」（刑事訴訟規則221条）

人によっては何も言わないこともあるが、多くの場合、被告人に一言添える。典型的なのは以下のような内容となる。

「二度とこのような過ちを繰り返さないでください」

「これから刑務所に行ってもらうわけですが、そこで罪を償って、また法廷で裁かれることがないよう注意してください」

傍聴好きにとっては耳タコのフレーズで、家族のことを持ち出すのも王道だ。

「刑期が明けるのを奥さんやお子さんが待っているのですから、しっかり反省し、二度と～（以下同）」

僕は当初、慣習として声をかけるのだろうと思っていた。しかし、傍聴を重ねるにつれて、それだけではないことがわかってきた。通常はこの程度で終わることが多いが、社会的な影響が大きい大事件や、審理の過程で裁判長の琴線に触れたときなどは、身を乗り出し、長く熱のこもった説諭になることがあるのだ。ときには親身なことばに心を動かされた被告人がすすり泣く光景も見られる。

すでに判決は出ているのに、なぜ裁判長は被告人に語りかけるのか。

理由はひとつしかない。再犯防止のためである。裁判の目的は犯罪者を刑務所に入れることではなく、罪を償わせ、被告人を更生させることだ。そのための声がけ・説教が説諭の持つ真の意味。

被告人がしたことは悪い。だから罰として刑務所に入ってもらう。しかし、そこで罪を償えば今回の件には終止符が打たれる。出所し、やり直すことができる。そこに希望を持ってもらいたい。親が、きょうだいが、家族が、友人が、立ち直ることを期待し出所の日を指折り数えて待っているのだから、ヤケにならず、前向きに生きてほしい。裁判長はそういうメッセージを送るのである。

ではなぜ、有罪判決をくだされた被告人にそのことばが響くのか。

有罪が確定し、実刑の場合は刑務所暮らしが決まり、絶望的な気持ちになっているであろう被告人の真っ暗な心に、自分はこれで終わりではない、この先も人生は続くということを思い出させるからだと思う。

それでもまた罪を犯す人もいるけれど、絶望感に苛まれたとき、裁判長のことばが胸に蘇る被告人はきっといるだろう。一定の効果があるからこそ、説諭という儀式が存在するのだ。

これを仕事の場面に置き換えてみよう。

親身な裁判長ほど、微罪に対しても真剣に説諭

失敗した部下を叱咤するのは誰でもできる。この先どうしたら良いかの指導やアドバイスも多くの人がやることだ。しかし、ともすればそれは実務のコツを伝授する技術論に傾いたり、〝必死でやればできる〟的な精神論になってしまいがちではないだろうか。昭和的な〝飲みニケーション〟も、鬱陶しいと思われ逆効果に終わる確率が高い。

一方、部下の失敗をたいしたことじゃないと慰めたり励ましたりするのも効果は期待できない。むしろ逆。親身な裁判長ほど、微罪に対しても真剣に説諭するものだ。

経験を積んだ人にとってはたいしたミスに思えなくても、若手にとっては身も震えるほどの痛手で、心の中は動揺しまくり、というケースは多い。本当にまずいこととリカバリー可能な

ことの選別ができるようになるのは何年も先の話だ。

失敗を償うべく与えられる罰とその理由を言い渡された部下はガックリ落ち込んでいる。初めてならいざ知らず、何度目かとなれば自信も失い、ぐらつく気持ちは被害者意識と結びつきやすい。

自分はここで通用するのか、必要とされるのか、出世できないのではないか。いずれまたミスをして悪者にされるだろう。待てよ、よく考えたらたいした仕事じゃないし、人間関係にも恵まれていないんじゃないか。ぼちぼち転職先を探るのが賢明なのでは……。

そんなネガティブな感情に襲われた部下に対する声がけとして効果的なのは、「意識を先に持たせることではないだろうか。

「今回は残念でしたが、失敗は成功のもと。次回に期待していますよ」

歯の浮くようなセリフも、〝裁判長〟たるあなたの口から出れば重みを持ち、気持ちを切り替えるきっかけになり得るはずだ。

部下が大きなミスをしたわけではないけれど、その素行や口のきき方に関して上司が注意をしなければならない状況もある。部下は心の中で思う。

ミスしたわけでもないのに叱られた。いちいちうるさいんだよ。ここは学校で上司は先生か。いずれミスをしたら、それみたことかと悪者にされるだろう。よく考えたらたいした仕事じゃないし～（以下同）。

重大なミスがない局面では、よりデリケートな対応が必要だ。ありきたりの小言で終わらせたらマイナス思考の原因になる。

「ここは会社だから、社内ルールに照らして注意をしました。この程度で、と思ったでしょうが、大きな問題にならないうちに解決できるならそれでいいじゃありませんか。この程度のことだからこそ、将来有望な社員に大きな失望感を与える可能性を、いま消しておきたかったんですよ」

細かい指摘にふてくされ気味の部下に、裁判長ならこんな声をかけ、なごやかな〝閉廷シーン〟を演出しそうだ。

さて、あなたにはどんな声かけの用意があるだろうか。

裁判長編❷

無能でもなぜか憎めない「一点突破上司」の研究

※STUDY POINT

裁判長に、一点突破する力を学ぶ

裁判長に学ぶべきは、「立ち位置」と「キャラの完成度」

車の運転により人を死傷させる行為は、現在では自動車運転過失致死傷罪が適用されているが、かつては業務上過失致死傷罪に含まれていた。どんな事件かと傍聴に行き、検察の起訴状朗読で交通事故の裁判だと判明するのだが、そのたびにやるせない気持ちにさせられたものだ。

飲酒運転や、歩道に乗り上げて歩行者をはねるなどの、あってはならない事故は厳しく裁かれるべきだし、そのつもりで傍聴することもできる。しかし、死亡事故の原因は加害者（被告人）が100％悪いケースばかりではない。場合によっては加害者も不運というか、同情を禁じえないこともある。

自動車運転過失致死傷罪が他の多くの事件と違うのは、ほとんどの場合、悪意が存在しないことだ。加害者は被害者と面識さえない場合がほとんど。誰だって事故を起こそうとして運転しているはずはなく、家へ帰る途中だったり、通勤途上だったりする。そんな日常が、つぎの瞬間こなごなになってしまう。それは被害者についても同じ。途中退席することすら気が引け、傍聴人はいたたまれない気分で閉廷を待つばかりだ。

そういう事件であっても、裁判長は冷静に審理を進める。示談は成立しているか。どれくらいの比率で加害者に非があるのか。いくつかの要素を確認し、悪質だとする検察の主張から情状酌量部分を引き算して判決を言い渡す。刑務所に入ることになっても人生はそれで終わりではないと被告人を励ますことも忘れない。判決後、双方の家族が涙にくれるのも定番の光景だ。

傍聴を始めた頃は、何があってもブレない裁判長の姿勢に、メンタルの強さを感じていた。法廷でなにが起きても感情を表に出さないよう、研修期間中から徹底したトレーニングを受けたプロフェッショナルな人、というイメージだ。

でも、いまは違う。

裁判長は法律という絶対的な後ろ盾があり、事件の内容を法律に照らし合わせることで判決を導き出している。情状酌量の部分もたいていは機械的。判決について、被告人に同情すべき点があるとしても、〝求刑の7掛けが量刑の相場〟と言われるように、だいたいは予想通りの結果に落ち着く。人によって若干辛めとか甘めという違いはあるものの、事件や裁判長によって判決に大きな差があったら混乱必至なので、個人的感情を脇に置き、淡々と判決を言い渡すのである。

裁判長が見せるこうした安定感はビジネスマン社会でも参考にしたいところだ。テレビドラマの主人公じゃあるまいし、常に正しいジャッジを下すスーパー上司になれというのではない。学ぶべき点は立ち位置が変わらない点。キャラの完成度の高さである。

傍聴時にいつも思うのは、一部のマニアを除き、傍聴人は裁判長のキャリアや名前など気にしないだろうということ。彼らが見るのは法衣を着た裁判長という職業の人であって、個人ではないのだ。それくらい、裁判長には〝公正、頭脳明晰、真面目〟といったイメージが定着しており、一般市民も裁判長に対してなんとなくの信頼感を抱いている。

不祥事などで、警察官や医師がかつての信頼感を失った今でも、裁判長に対する〝高潔なエリート〟のイメージはさほど変わっていないだろう。

「長所で尊敬され短所で愛される」上司を目指せ

上司には、そこまで強いイメージはない代わりに、個々の人格がくっきり浮き出る。いい上司、嫌な上司という物の言い方は多分に感情的なもので、仕事の能力以外の人格が含まれている。極端に言えば、いい上司とは仕事のできる人でなくてもいいのだ。

あなたの近くにいる評判のいい上司を思い浮かべてみよう。ずば抜けて仕事ができる人ではないのではないか。

部下から見て、上司が自分より仕事ができるのは当たり前である。人脈が広いのも同様だ。つまりスキルの高さや人脈の豊富さはキャラの強さにあまり影響しないと考えられる。

といって、単にいい人というだけでは弱い。いい人という曖昧な立ち位置は、部下から見て人畜無害、威厳や風格がない、御しやすい存在。上司をリスペクトしている言い方ではないからだ。

では、次のような個性はどうか。

熱血漢である、すごく思いやりがある、面倒見がやたらと良い……。仕事はそこそこでも、それ以外に魅力があり、周囲の信頼を勝ち得ている人が出世しているのではないだろうか。だとしたら、それこそがいい上司と慕われるためのキャラなのだ。では、いい人との違いはどこにあるのか。部下が「自分とは比べ物にならない」と思うかどうかではないだろうか。言い換えれば人間的な凄みである。

便利なことに、その凄みは仕事に直結しなくてもいいのだ。ひとつでいいから「自分とは比べ物にならない」ことがあればいい。

「課長は、仕事ができるのに加え、週末ともなればフットサルその他で汗を流しまくっているらしい」

「課長は、仕事ができるのに加え、やると決めたことは徹夜してでもやるし、小さなことでも約束を破らない」

「課長は、仕事ができるのに加え、困っている人を見るとじっとしていられない性格で、密かにボランティア活動などもしているらしい」

冷静に考えたら、これらは特別なことではない。しかし、それを実践し、意識してレベルを高めようとしている管理職は少ないので、実行に移すだけで部下の目に留まりやすい。

自分なりのストロングポイントを決め、本気で取り組むことで得られるメリットは他にもある。欠点をカバーしてくれるのだ。

最強なのは〝憎めない〟上司。忘れっぽい。遅刻をする。服装がだらしない。口が悪い。PCすらまともに操れない。でもストロングポイントがあることによって欠点は愛嬌に変わり、部下に慕われている。こうなったら、中間管理職としては無敵である。

だが勘違いしてほしくない。キャラが濃ければ濃いほど、演じる者は疲労するのだ。仕事を円滑に回すため、自分の成績を上げるため、部下を持つ身になったビジネスマンはいい上司になろうと張り切る。自分が部下だった頃、こんな上司がいたらと考えていた理想を実現したくなり、身の丈に合わないキャラを演じて失敗する。あるいは逆に、四方八方に気を使うあまり萎縮し、自分らしさを発揮できなくなってしまう。

無理は禁物、長続きしない。いい上司になりたければ、ありのままの自分を武器にするしかないのである。

ただし、本当に素のままでいいのはごく少数の人だけ。武器を磨く必要がある。

人は長所で尊敬され短所で愛される、ということばがあるが、ここでのキモは長所である。尊敬されるところがあるから短所が愛嬌に変わるのだ。仕事の能力と人脈以外であなたの長所はなんだろうか。胸に手を当て、願望抜きで考えてみよう。

リーダーシップ、包容力、粘り強さ、明るさ、気遣い、時間に正確、正直さ、決断力……、嫌なことをすぐ忘れるのが特技とかでもいい。自信を持って、これが自分の良いところだと言えるものをひとつ選び、前面に押し出すのだ。

押し出すからには凡庸なレベルであってはならないが、備わっているものの中から選んだものなのだから、今以上のレベルに高めることは困難ではないはずだ。

「一点突破」の上司を部下は高く評価する

この、自ら選んでブラッシュアップした要素が、あなたの武器でありキャラの主要部分である。たとえば〝正直者〟キャラを選んだとしよう。明日からあなたは頑として正直であらねばならない。もう嘘はつけない。少々キツイけれど、いい上司になるにはこれくらいは我慢し、決してブレてはならない。誰かが部下にあなたについて尋ねたとき「バカ正直な人です」と、一言でキャラを説明できるようになるくらいに。

「リーダーシップの強さが半端じゃない」「とにかく頼りになる」「あきらめない人」「一緒にいるとこっちまで元気になる」「人の気持ちがわかる繊細さの持ち主」「納期を守り約束を破らない」「思い切った判断を涼しい顔でする」……。

そんな評価を受けるようになったら、あなたという上司キャラは確立されたことになる。

その代わり、他のことは普通でいい。我々は清廉潔白を身上とする裁判長ではないのだから、欠点は（いずれは愛されポイントになると信じて）放っておけばいいのだ。

裁判長編③

裁判員裁判が手本 会議で自分を賢く見せる技術

※STUDY POINT

裁判員裁判の裁判員に、スピード会議のスキルを学ぶ

裁判員裁判は「いい会議」のエッセンスが詰まっている

２００９年に始まった裁判員裁判では、国民から選ばれた裁判員６人とプロの裁判官３人の計９人で、審理から評議、判決までが行われる。対象となるのは殺人罪、強盗致死傷罪、現住建造物等放火罪などの重大事件だ。

裁判にかかる日数は事件によってまちまちだが、通常は初公判から判決まで連続して３〜４日間というものが多く、期間中は休廷時間や昼食を挟むものの、朝から夕方までスケジュールが組まれ、裁判所の外に出ることはできない。もちろん夕方以降は家に帰れるが、守秘義務があるので裁判の詳細を誰かに話すわけにもいかない。

被告人の人生がかかっている裁判で9分の1の票を持つ裁判員。経験者に聞いたところでは、そのプレッシャーは相当きつく、なかなか寝付けないほどだそうだ。慣れない経験ということもあるが、なんといっても判決を決める評議までには自分なりの結論を出さなければならない（棄権は認められない）ことが重圧になるという。

見ず知らずの6人だから、最初のうちは休憩時間などに交わす会話もさしさわりのない範囲。2日目以降になるとキャラクターもわかってくるが、事件について突っ込んだ話をするほどの関係ではない。せいぜい、多少の意見交換ができる程度だから、公判でのやり取りを聞く姿勢はおのずと真剣になる。見た目がチャラい若者だろうと、いかにも面倒くさそうな顔をしているオヤジだろうと、裁判員席でふざけたり、居眠りしたりする人は見たことがない。

責任を感じつつ真剣に裁判を見て、自分なりの意見をまとめた上で評議の場に臨む。被告人の人生がかかっていると同時に、裁判員それぞれが、悔いを残さぬよう人の意見にも耳を傾ける。活発な議論の末、有罪か無罪かがまず決まり、有罪の場合には量刑まで下す。休憩時間を除き、ダレることなどないだろう。これを会議と考えれば100点満点ではないだろうか。

〝会議〟でいい質問をするための「メモの取り方」

さて、今回取り上げたいのは、裁判員それぞれの真剣さと、傍聴席から見たときの裁判員の印象は別ということだ。裁判員はちゃんと聞き、考え、決めるのが仕事だから、見た目の印象など問題にはならない。だが、これが会社の会議だったらどうだろうと思ってしまうのである。同じような真剣さで臨んでいるのに、周囲が受ける本人の印象が違うとすれば、悪い印象を持たれないほうが得に決まっているではないか。

では、裁判員の印象はどこで違ってくるのだろう。

(1)メモの取り方
(2)質問の仕方
(3)前のめりの姿勢

ポイントは、この3点だ。

なぜシロート裁判員は必ずメモを取るのか?

(1)メモの取り方

裁判員にはあらかじめ資料が渡され、事件の概略や争点を知ることができる。また、検察や弁護人が、それぞれの主張を明確にするため配るペーパーもある。加えて、被告人や証人の発言記録も読むことができる。しかし、裁判員は必ずと言っていいくらいメモを取りながら話を聞く。中にはほとんど前を見ずにノートとにらめっこ状態の人もいる。

メモをたくさん取るのは、頭の整理をするためでもあるだろうが、前を向かなくて済むといった理由もあると思われる。前を向けばいやおうなく被告人と向き合うことになるし、検察や弁護人、さらには傍聴人まで目に入る。見ないということは、相手からも表情を見られないということ。防御の姿勢だと言える。

これに対し、会社の会議の場で下ばかり向いていたら消極的に見えるばかりか、存在感さえなくなってしまう。いくら熱心にメモを取ったところで、それが高く評価されることはないと考えていい。明らかに損だ。メモを取りつつ、顔も見せる。この2つを両立させることが重要だろう。

ちなみに、裁判官も必要に応じてメモすることがあるが、頻度も時間も圧倒的に少なく、被告人や証人をつぶさに見ている。嘘をついていないか。本気で反省しているか。しゃべるときの表情や態度も重要な判断材料となるからだ。

裁判も会議も「いい質問」が空気を劇的に変える

(2) 質問の仕方

裁判員には被告人質問、証人尋問など、自ら手を挙げて質問する機会が与えられる。何度も手を挙げる人もいれば一切質問しない人もいて個性が出るが、いい質問のできる人は話をしっかり聞いているし、場の空気が読めていて参考になるのだ。

そういう人は、事件の詳細について尋ねることはあまりなく、プロ裁判官が質問しないような身近な問いを投げかける。たとえば、強姦犯に対して、「襲いかかるとき、妻や子どもの顔が一瞬でも脳裏をかすめなかったのか」というような質問だ。

被告人「そのときは、とくに考えませんでした」
裁判員「もし捕まったら妻子がどう思うか、とは？」
被告人「考えませんでした」

どうということのないやり取りに思えるかもしれないが、たぶん質問者には妻子がいて、自分が被告人ならどうだったかと考えた末に質問をしたのだ。そこにはリアリティーがあり、他の裁判員が事件を考える材料にもなる。事件そのものというより、犯行時の被告人の心境や、家族についての考え方が端的に伝わるからだ。

では、会社の会議ではどうだろうか。

積極的に質問するのはいいけれど、議長や上司が求めているのは数の多さではなく、実のある会議にするための推進力となる質問だろう。プロジェクトの中心メンバーであるがゆえにマニアックな方向に走りがちな同僚の説明に、話についていける人といけない人が分かれ、温度差が生じているようなとき、違う角度から質問ができたら行き詰まった雰囲気が変わるかもしれない。

質問しない人は「前のめり」姿勢でアピール

(3) 前のめりの姿勢

(1)や(2)を読んだ人の中には、「それができたら苦労はしないよ」と思う方がいるだろう。要するに、会議で前を向いていたらやる気満々だと思われて意見を求められかねないし、気の利いた質問ができないから困っているのだよ、と。
あるいは、こんな声もあるだろう。会議の大半は形式的なもので、そこに座ってさえいれば良く、失点さえ防げれば良いのだよ、と。

そんな人に勧めたいのが、最後の(3)。前のめりの姿勢で話を聞くことである。裁判員もそうだが、人は集中してくるともっとよく話を聞こうとして自然と姿勢がグッと前に傾く。本人の心中のほどはいざ知らず、外から見ていて熱心さを感じる姿勢になるのだ（真逆なのが椅子の背にもたれる姿勢）。

この姿勢はメモを取るのにも適していて、前のめりになりつつ、ときどきペンを走らせていれば、会議に〝参加している感〟が出せるから便利でもある。さらに、たまにウンウンとうなずいてみせれば思慮深そうな印象を人に与えられるかもしれない。僕の経験では、仮に退屈な話であっても前のめりの姿勢で話を聞くと、内容が頭に入ってきやすくなるのだ。

もしもあなたが会議の進行役やプロジェクトリーダーなら、と仮定してみよう。前のめりの社員を前に、議題と関係のない自慢話をしたりマニアックな技術論に終始したりするのは申し訳ない、と感じるに違いない。すなわち、顔を前に向けず質問をしなくても「前のめり」をキープすれば、積極的に参加しようとしている印象を周囲に与えられるだけでなく、会議の時間短縮化といった効果も得られて、会議をうまく乗り越えられるかもしれないのだ。

検察その他編❶

痴漢裁判「胸はオトリ、お尻が本命」の検察に学ぶ質問術

※STUDY POINT

検察に、思い通りの返答をさせる質問術を学ぶ

痴漢裁判　検察の「端的な質問」の狙い

裁判では被告人や証人が勝手に発言するのではなく、検察や弁護人（ときには裁判官も）の質問に答える形で審理が進む。被告人は訊かれていないことについてしゃべる必要はなく、答えたくなければ黙っていてもいい（黙秘権）代わり、話した内容は証拠として記録される。被告人が何をしゃべるかは質問次第なのだ。

また、被告人は訊かれたことにのみ端的に答える決まりになっていて、説明を求められなければ「はい」「いいえ」が基本。この条件下、検察と弁護人が火花を散らす。実際には制止されるまでしゃべり続ける被告人が珍しくないし、有利な証言を引き出すために検察もあえてそ

れを許すケースが多いが、話題がずれてしまったときや、被告人が同じことを繰り返し始めたときには、裁判長が「端的に答えなさい」と注意したりする。
だいたいはそんな風だが、ときおり、「はい」か「いいえ」で短く答えることに検察がこだわることがある。たとえば犯行を否認する痴漢事件の被告人質問などで見られるケースだ。
検「電車に乗ったあなたは仕事の行き詰まりからストレスの塊だった。そうですね」
被「塊というか、かなり参っていたのは事実ですが……」
検「『はい』か『いいえ』で答えてくださいね」
被「えー、はい」
検「そのストレスを目の前にいた被害者にぶつけ、電車の揺れに乗じて胸を触った」
被「考え事をしていて揺れに対応できずとっさに手を上げたらそこに胸が」
検「偶然だったと。では質問を変えましょう。あなた、その直後に同じ右手でお尻にも触ってますよね！」
被「揺れがひどくて」
検「触ったかどうか尋ねているんです」
被「やっぱりぶつかった、かなあ」
検「なぜ胸に当たった手が直後にお尻にぶつかるんですか！　意識的に動かさない限り不自

然すぎるでしょう」

被「ですからそれは（しどろもどろ）」

検「もうけっこうです。終わります」

ここでビジネスマン諸氏に覚えておいてほしいのは、ただひとつ。検察の狙いはお尻だということだ。痴漢は物的証拠がないことが多いため、どうしても「触った、触っていない」の水掛け論になりやすい。取り調べで罪を認めていた被告人が、いざ裁判となったら態度を変えて無罪を主張することもあるから、検察にとってもやりにくいジャンルのひとつだろう。それだけに、被告人質問の受け答えは重要になるのである。

胸に当たったのは偶然で構わない。欲しいのは胸からお尻までの距離である。つまり胸に手があったことを認めさせれば、被告人の不自然な行動が浮き彫りになり、被告人が罪を認めなくても、裁判官に「やってるね」という印象をあたえられる計算が成り立つのだ。

そのために有効となるのが、被告人に自由にしゃべらせないことではないかと僕はニランでいる。たくさんしゃべらせて証言の矛盾をつく手法ではなく、イエスかノーかの二者択一を迫ることで、こちら（検察側）のシナリオ通りに被告人質問を展開させるのである。

裁判での検察の使命は有罪の立証。このゴールに向かって、いかに被告人を追い詰めるかが勝負となる。そのために、端的に答えるルールをうまく使った質問術を駆使するのだが、これ、ビジネスシーンでも使えるテクニックではないだろうか。

「胸はオトリ、お尻が本命」のロジック

あなたが上司だとしよう。あなた（あるいはあなたの上役）の答えはすでに出ていて、部下が何を言おうと変えるつもりはない。だからといって事情も聴かないのでは横暴だと思われる。そこで部下を呼び、弁明の機会を与えるフリをして、自分の思うように話を進めたい。

そんなとき、「端的に答えよ」というルールで部下を縛り、弁明の機会を減らすのである。弁明させても答えが一緒なら話させる意味はないし、同情心でも起きたら困るではないか。自分はそこまで利己的な上司になりたくないと思われる方もいるだろう。もちろん常にそうしろと言うのではない。情に厚いのがあなたの持ち味だと自負するなら普段はそれでいい。しかし上司たるもの、〝素顔のままで〟いられないときもあるはずだ。答えが出ているケースとはどういうものか。

(1) 失敗を認めて十分反省している部下に、念押しの意味で事の次第を問う

(2) 部下の同僚に示しがつかないので形だけでも叱咤激励をしなければならない

(3) 部内（課内）ではすでに失敗の原因がわかり対策も練られている案件について、（自分の）上役から説明を求められている

裁判風に言えば、部下は有罪が確定したが執行猶予が付いている状態だ。最後の(3)は、裁判記録を作るようなものか。いずれにしろ大事件ではなく、凶悪犯でもなく、被告人は更生すべく仕事もしている状態。あなたや上役は立場上やむなく〝場〟を設けたにすぎない。そこにいるのは叱られ役の部下、苦言を呈するためにいる上役、あなたは調停係ですらない進行役だ。

上役は忙しい。部下は恥ずかしい。ならば、余計な口出しをさせず短時間で終わらせることこそ最上の策となる。

このとき、逆らえない相手（部下）を叱るだけではなく、原因も対策もわかっている役得を活かしたいもの。前出の胸（オトリ）↓お尻（本命）のような、意表を突く一言で上役の覚えをよくできれば最高だ。

想定通りの答えを引き出す「絶妙なパス」

たとえば、部下が準備不足のため焦り、半徹夜状態でプレゼンテーションに出かけて玉砕し

たとしよう。原因としてすぐ思い浮かぶのは寝不足、あるいは半徹夜せざるを得ない状態に追い込まれた甘い見通しや計画性のなさである。

でも、それをことばにしても何のインパクトもない。

上司(あなた)「端的に答えなさい。あなたはその準備のペースで間に合うと思っていたのか」
部下「いませんでした」
上司「きちんと間に合わせるための段取り表などは作りましたか」
部下「作りませんでした」
上司「そんなことだから前夜になって慌てるんです。つぎからは計画を立て、いまどのくらいの仕上がりかを把握して進めるように」
部下「すみませんでした」

まるで口うるさい親と、その子どもの会話だ。しかも、あなたがこれを言ってしまったら、やり取りを見守っている上役にはおいしいところが残らない。

間違ってはいない。答えは〝つぎは準備を怠るな〟に決まっている。でもそれは上役が話を締めるために残しておかなければならないセリフ。あなたがすべきことは、上役がすんなりそれを口にするための〝絶妙なパス〟を出すことなのである。

お尻のために胸があったように、準備を怠るな、のためには何があるか。たとえば、こんな「パス」はどうだろうか。

上司（あなた）「準備不足でもプレゼン会議に出た度胸は買います。なかなかできることじゃない」

部下「いえ、そんな……」

上役「つぎからは準備を怠らないようにしなさい」

上司であるあなたは、部下を「いえ、そんな」としか答えられないようなセリフで追い込み、上役が気持ちよく締めのことばを言える環境を整えるのだ。これ、いくらでもパターンが考えられそうだし、失敗例を変えてみたり、部下を変えてみたりすることで、的確なことばを選ぶトレーニングになりそうだ。通勤途中の息抜きに向いているかもしれない。

備えあれば憂いなし。機会はいつ訪れるかわからない。とっさの判断力を磨くためにも、日頃からパスコースの研究に勤しみ、他部署で同様のことが起きたら聞き耳を立てておこう。

検察その他編❷

法廷に、被告人の「職場仲間」はひとりも来ない

※STUDY POINT

傍聴席の人に、人間関係のはかなさを学ぶ

被告人の職業はなぜ、大半が無職なのか？

裁判では、初公判の最初に被告人の氏名、現住所、本籍を尋ね、本人確認を行う。そのときもうひとつ訊かれるのが職業。多くの場合、以下のようなやり取りになる。

裁判長「職業はなんですか」
被告人「コンピューター関係の仕事をしていました」
裁判長「今現在は？」
被告人「……無職です」

そう、たいていは無職なのだ。例外は自営業くらい。会社員だと答える被告人は極端に少ない。

裁判長「職業はなんですか」
被告人「流通関係です」
裁判長「それは事件発生時ですよね。いまもそうなのですか」
被告人「あ、無職、です」

被告人がよく言い間違えるのは会社を離れたばかりで無職の実感がないからだろう。わざわざ裁判長が念押しする必然性は不明だが、それを聞くたびに、事件が元でクビ（懲戒免職）になったんだなと思う。犯行を認めている場合はもちろん、否認している場合でも圧倒的に無職が多い。

疑わしきは罰せずということばがある。推定無罪ということばもある。けれど現実には、疑わしければ辞めてもらう〝推定有罪〟を会社は好むようだ。犯罪者、もしくはその可能性が高い社員を雇っていては社名に傷がつき、信用が落ちるという理屈だろうか。

判決が出るまでクビを切らない会社もあるとは思うが、事件を起こしたら、有能でも功績があっても即座にクビを切られると考えていたほうがいい。

グレーでも会社の方針は〝推定有罪〟……同僚との絆は切れる

会社にとって大切なのは社の成長。いざとなったら、生き延びるためにリストラだろうとクビ切りだろうと平気でやる。現役社員として法廷に立たれると、マスコミが報道して世間が騒ぎ立て、株価が下落するかもしれない。会社にとってリスクとなる被告人には、すみやかに辞めてもらうのが一番なのである。

被告人が冤罪を主張する事件で多いのは痴漢。被害者の勘違いだとわかり、無罪判決が下されることもある。社員を信じるなら、逮捕されただけでクビにはしないはずだがそうはなっていない。仮に疑いが晴れ、会社に戻れたとしても居心地は最悪。事件前の雰囲気に戻るまでには、かなりの日数を要するに違いない。

このことは、ひとつの事実を表している。あなたは会社にとって唯一無二の存在ではないということだ。

残念ながら、あなたが思うほど、会社はあなたのことを大切に考えてはいない。長年勤めていれば自然に愛着も抱くだろうが、代わりはいくらでもいるし、そうでなければ困る。どんなに会社を愛しても、それは片想いに終わると覚悟したほうがいい。

いざとなれば会社が社員に冷たいことなど常識。日頃から過度な期待をせず、適切な距離感で接しているという読者もいるだろう。

では、同僚はどうだろうか。法人たる会社は社員を駒のように扱うけれども、同僚とは人と人としての付き合いをしていると思ってはいないだろうか。

同期や同じ部署で働く社員とは個人的な付き合いもしやすく、結婚式に呼んだり呼ばれたりの親しい関係を築くことができる。家族を除き、もっとも長い時間をともに過ごす関係には、同僚という堅苦しい言い方より、〝職場の仲間〟がしっくりくる感じだ。

しかし、〝職場の仲間〟はあくまで職場あっての人間関係。リタイアし、会社の肩書がなくなった途端に人間関係が切れてしまうのはよく聞く話である。やがてはあなたもそうなる。真の友人となれる同僚はほんの一握りしかいない。

自分はまだ若い。人間関係も大切にしている。同じ職場でなくなっても絆は切れない。そう信じている人はぜひ一度、裁判を傍聴してみてほしい。現実のシビアさがわかるはずだ。

冤罪でも、法廷に「職場仲間」は一人も来ない

30代前半の会社員（現在は無職）が事件を起こす。たとえば万引きだとしよう。初犯だし、出来心による犯行なので、しっかり反省すれば十分更生できそうだ。被告人は潔く罪を認め、

被害者への弁償もした。執行猶予が付くのは確実とみられる。ただし、勤務先は懲戒免職となってしまった。

初公判の日。小さな事件とはいえ当事者にとっては人生の大ピンチだけに、罪の意識と将来への不安で心細くなっていることは容易に想像できる。いまこそ家族や友人の支えが必要な場面。会社ではバリバリ働き、弁護人によれば人望もあったとされる被告人を応援するため、元同僚たちは法廷にきているだろうか。

情状証人として被告人をかばうのは家族や親類、婚約者、学生時代の友人、小さな会社の社長などがいたが、同僚の姿は一度も見たことがない。また、僕が見てきた限り、被告人の身内や事件関係者を除く一般傍聴人は、ノート片手の法学部生、傍聴マニア、裁判所見学にきた人、傍聴デートをするカップルが大半だ。

同僚の姿がないのは、犯罪者と関わりたくないからだと思う。

結婚式ならさほど親しくなくても出席するが、すでに仲間でなくなった元同僚に有給休暇を取ってまで果たす義理はないのだ。きっとあなたも、よっぽどのことがなければ犯罪者になった元同僚の裁判を傍聴しようとはしないだろう。裁判が開かれるのは平日。こっちには仕事があるんだ、と。つまり、同僚を心配し、裁判を見に行くことは仕事より優先順位が低いということになる。

例外は事故を起こしたタクシードライバーで、同僚たちが傍聴席を埋めているケースが多く、仲間意識の強さをうかがわせる。あとは、そのスジの人と警察関係。これは被告人が余計なことを言わないようプレッシャーをかける意味もありそうだが……。余談になるが、警察官が証人として出廷するときは警察関係者らしき人が傍聴席を埋めていることがある。

いざとなれば会社は従業員を切り捨て、仲間でなくなった途端に同僚は冷たくなる。それがサラリーマン社会の掟だとしたら、あなたは自分の会社愛を見直すべきである。長年にわたって居心地良く働くには愛情を持って接することが大切だが、見返りを期待してはならないのだ。とくに注意すべきは同僚との関係。労苦をともにしたり、同期や同学年といったつながりもあったりして、仕事仲間という事実を忘れ、強い絆で結ばれた関係だと思い込みやすい。が、それが錯覚だということは、社会人になって知り合った同僚のうち、いまは別の道を歩む元同僚の何人と付き合いがあるか考えればわかるだろう。

もし、会社以外の人間関係が乏しいようなら、趣味でつながる友人、学友、地元の仲間など、仕事抜きで付き合える人間関係を作っておくのが急務。あなたがどこで働こうと、どこに住もうと、揺らぐことのない居場所は一生の宝だ。

求められるがままにサービス残業し、「頼りになるね」とホメられて喜んでいる場合ではないのである。

検察その他編❸

裁判所が時短できた理由 仕事に応用可能な〝仕組み〟とは？

※STUDY POINT

法廷の人に、綿密な準備の重要性を学ぶ

いまどきの裁判に学ぶ仕事の「超時短」術

一部の企業で、週休3日制の導入が始まっている。これに対し、「ただでさえ忙しい業務がこなせるのか」「労働時間が減るのは歓迎だが残業代がなくなると生活が苦しくなる」「休みの日が増えてもすることがない」といったネガティブな意見もある。

どこまで広まるか、定着するかはいまのところ未知数だが、世の中の流れが長時間労働をなんとかしようという方向に動いているのはたしか。ならば、自分なりの時短方法をいまから考えておいて損はないだろう。

時短というテーマは一時期、司法の世界でも大きな問題になった。僕が傍聴を始めた

2001年当時、裁判はなんて時間がかかるのだろうと驚いたものだ。小さな事件でも初公判から判決まで3〜4回を要することが多かったし、少し複雑なものだと5回はかかる。大事件ともなれば判決まで1年以上というのもザラにあった。

長引けば人の記憶は薄れるし、いいことは何もない。それなのになぜ長期化しがちだったかというと、裁判官が抱えている案件が多すぎ、こなすだけで手一杯だったからだと思われる。必然的に開廷ごとの時間は短く、中身も薄い。予定されていた証人の都合が悪くなって次回日程を決めるだけで終わってしまったり、審理が始まっているのに被告人の精神鑑定結果がなかなか出ずに数カ月間のブランクが生じたりする。ときには弁論準備の時間稼ぎなのか、コントみたいな引き延ばし作戦まで見かけた。

被告人「えーと、話がよく聞こえません」（たぶん嘘）

裁判長「被告人の耳が遠いのは知っています。裁判所が用意した補聴器をつけていますよね。作動は確認済みのはずですが」（イライラ）

被告人「それでも私には聞きづらいのです」（すっとぼける）

弁護人「裁判長！　これはどういうことですか。よく聞こえない補聴器では被告人に著しく不利であり、審理続行が不可能です」（難癖をつける）

裁判長「では、本日はここまでとします。次回日程は……」（めんどくさいという顔）

弁護人「良い補聴器の準備をお願いいたします」（作戦成功という顔）

また、審理も半ばを過ぎた頃になって弁護人が新たな証人を申請することもあった。証言を依頼していた人から裁判開始後にＯＫが出るケースなどで、こうしたことがあると、検察は準備のための時間を要求し、さらに日程が延びることもある。丁寧という評価もできるが、事件とあまり関係なさそうなことも審理されがちで、間延びした印象は拭えず、日本の裁判は判決までに要する時間が長すぎると言われ続けていた。

それが２００５年に「公判前整理手続」が実施されると、劇的に変わった。

実施の背景には、4年後に控えた裁判員制度の開始があった。裁判員制度では、特定の刑事裁判に一般市民が裁判員として参加することになる。だが裁判の期間中は仕事などを休まなければいけない。このため裁判期間の長期化を避けようと、裁判が始まる前に事件の争点や証拠を整理し、審理を計画的かつスムーズに進める「公判前整理手続」が先行して導入された結果、劇的な時短に結びついたのだ。

ダラダラ裁判は今や昔。短期集中で時間効率アップ

では、それまでの裁判と何がどう違うのか。おもなポイントを挙げてみよう。

(1) 争点にならないことは持ち込まない

事前の打ち合わせで検察と被告人側の主張が違う点（争点）をあぶり出し、それについて集中的に審理する

(2) 互いに手の内をさらす

証人として出廷するのは誰かなど、互いの〝持ち札〟をオープンにする

(3) 後出しジャンケン禁止

裁判が始まってから、「やっぱり自白を強要された」と言い出したり、急に新証人を呼ぶことは基本的に許されない

このルールにのっとって情報を出し合い、双方が準備をして本番に臨む。判決の行方は、争点をどちらが有利に導くかにかかっており、検察も弁護人もそこに集中すればいい。傍聴人にとっては事件のディテールを知るチャンスが失われるが、効率という点では格段にアップする。

時短の面からも、あらかじめ何日間で判決に達するか予測が立てられるのが大きい。施行した当初は、駆け引きがしづらくなったなど弁護人の不満も耳にしたけれど、最近はそれも収まり、定着してきた感がある。裁判員裁判のため渋々従うのではなく、新しい仕組みに司法全体が慣れてきたからでもあるだろう。

ダラダラしていた裁判を時短成功に導いた公判前整理手続。具体的には以下のような変化が起きたと考えられる。

●公判ごとに準備に追われる↓準備の時間を事前に取る
●準備では広く浅く全体をカバー↓争点に総力を投入
●こま切れで審理の回数が多い↓短期集中
●双方が納得するまで続く審理↓全体の時間枠が決まっている

準備をしっかり行う。項目を絞って集中的に行う。いつまで、の期限を決める。時短成功のポイントは、じつにシンプルだ。これをうまく真似して自分のものにしてしまえばいいのである。

順番的には、やるべきことの優先順位を決めるのが第一。準備を手際よくやるには先に期限を切るのが賢明だろう。いま何をやるべきか↓いつまでにやるか（準備期間と作業時間を別々に設定）の考え方だ。

ビジネスマンならそんなことは普通にやっていると思うかもしれない。優先順位をつけるのは当然のことだし、期限も切っている。それでもこなせない量の仕事があるのだと。では準備に関してはどうだろうか。一刻も早く作業に取り掛かろうとするあまり、準備を軽くみてはいないだろうか。たとえば、必要な資料をそろえることが準備だ、というように。

「しっかり準備」すれば途中で戦意喪失しない

公判前整理手続の最大の効用は、時短だけではなく、裁判が始まる前に資料の手配や吟味を行い、戦略を練った上で本番に臨むような習慣が根付いたことだと考えられる。準備が十分できれば、審理（ビジネスマンにおける作業）はラク。たとえ望ましい判決が得られなかったとしても悔いのない戦いができるはずだ。

逆に、戦略があやふやなまま審理に入ったら、態勢を立て直す機会もないまま相手に押し切られてしまうだろう。準備とは作業をうまく行うための戦略まで含むもので、それができていないと、作業中に方向転換を余儀なくされたり、最初からやり直しになる可能性を抱えたまま見切り発車したりということにもなりかねない。

もうひとつ、準備と作業を分けることの意味は、途中で邪魔が入っても戦意を喪失しにくいことだ。準備と作業で、5＋5＝10の量があるとしよう。準備が3できたところで臨時の会議が入り中断しても、残りは2。先はおおよそ見えている。これが、準備と作業を分けていなかったら残りは7。先が長く感じるし、いま自分がどの段階にいるかの把握もしにくくなってしまう。

当然、思い通りに事が運ばないことはしょっちゅうある。せっかく戦略を立て、いつまでに終わらせようと計画しても、急な仕事は入ってくる。それはビジネスマンなら誰もが同じだ。ただ、準備と作業の2段階方式をとっていると、柔軟な対応が可能になる。5分の4まで準備が進んでいれば、緊急の用件を除き、準備を終わらせてから別件に対応できるだろう。

個々の企業によって、業種によって、個人的な時短作戦のやりやすさ、やりにくさはあるかもしれない。でも、あれほど煩雑で、時間がかかるのはしょうがないと思われていた裁判でも時短ができたのだから不可能ではない。1割短縮するだけでも違ってくるし、2割の時短に成功すれば、あなたはウソみたいにラクになる。

もちろん、そのことを吹聴してはならない。残業代がないと経済的にキビシイなら、こっそり時短し、あとは忙しいふりをしていればいい。カンジンなのは、会社が本気で時短に取り組みだしてから慌てないようにしておくことだ。周囲が仕事の効率アップに追われる頃には、余った時間でできそうな副業探しに精を出すつもりでいよう。

あとがき

以前、恋愛がらみの事件だけをまとめた『恋の法廷式』という本を書いたことがある。今回はそれ以来の限定方式。事件名だけでは職業などわからないため、朝から東京地裁へ行き、初公判を片っ端から見て回った。

結果、僕は「現在は無職です」ということばを繰り返し聞かされることになった。どんなエリートでも、逮捕されて罪を認めたら、大半がクビを切られて肩書を失い、ただの人になるのである。仕事と収入を失い、執行猶予付き判決を得られたとしても社会復帰に苦労する。犯罪はリスクが高いギャンブルなのだ。

もともとはマジメな勤め人だったのに、いつしか足を踏み外し、犯罪常習者になってしまった人もいた。法廷では改心を誓う。でも、またやってしまう。それはなぜなのか。本書はたくさんの「なぜ?」が詰まった本だと言えるかもしれない。

第2章では、被告人や法曹関係者のことばや態度から、ビジネスシーンで使えそうなポイントを選び、観察してみた。傍聴するときはメモに追われ、ゆっくり表情を観察することは少ないのだが、やってみると口調や表情のひとつひとつが情報の宝庫である。それらを分析し考察することは、フリーランス生活が長い僕にとって新しい試みで、これまで見てきた裁判の傍聴ノートを引っ張り出し、毎回悩みながら書いた。本書がビジネスマン諸氏にとって何らかの参考になればと思う。

本書に関わった多くの方々に感謝します。連載時は『yahoo』など数多くのネットメディアに転載され、たくさんのコメントを頂きました。辛口のものも含めありがたかったです。『プレジデントオンライン』の連載担当者である大塚常好氏には、書籍化に際しても多くのサポートを得ました。ブックデザインは米谷テツヤ氏。打ち合わせは雑談ばかりなのに、なぜかこちらの意を汲んだ装丁ができてくるのが不思議です。

最後に、いつも書いていることですが、本書を読んで裁判に興味を持たれたなら、ぜひ一度、法廷に足を運んでください。これまで経験したことのない〝現場〟がそこにありますよ。

秋の気配が漂いはじめた松本の自室にて　　北尾トロ

北尾トロ Toro Kitao
ノンフィクション作家

1958(昭和33)年、福岡県生まれ。法政大学卒。フリーターなどを経てフリーライターとなり、2001年より裁判傍聴を定期的にスタート。2010年にノンフィクション専門誌『季刊レポ』を創刊し、15年まで編集長を務める。移住した長野県松本市で狩猟免許を取得。猟師としても活動中。主な著書に『裁判長！　ここは懲役4年でどうすか』『裁判長！　おもいっきり悩んでもいいすか』などの「裁判長！」シリーズ(文春文庫)、『ブラ男の気持ちがわかるかい？』(文春文庫)、『怪しいお仕事！』(新潮文庫)、『もいちど修学旅行をしてみたいと思ったのだ』(小学館)、『山の近くで愉快にくらす』(信濃毎日新聞社)など多数。最新刊に2014年に結成した町中華探検隊のリーダーとして執筆した『町中華探検隊がゆく！』(共著・交通新聞社)、『夕陽に赤い町中華』(集英社インターナショナル)がある。

なぜ元公務員は いっぺんにおにぎり35個を万引きしたのか

2019年10月19日　第1刷発行

著　者　北尾トロ
発行者　長坂嘉昭
発行所　株式会社プレジデント社
〒102-8003　東京都千代田区平河町2-16-1
平河町森タワー13F
https://president.jp
https://presidentstore.jp
電話　編集(03)3237-3732
販売(03)3237-3731
編集　大塚常好
販売　桂木栄一　高橋 徹　川井田美景　森田 巌　末吉秀樹
装丁　米谷テツヤ
装画　武内未英
DTP　株式会社パス 白根美和
制作　関　結香
印刷・製本　凸版印刷株式会社

ISBN978-4-8334-2335-9
Printed in Japan
落丁・乱丁本はおとりかえいたします。